生活法律漫談
Low about Life

獵殺隱私時代

10個讓你失去隱私的理由

錢世傑 著

三民書局

國家圖書館出版品預行編目資料

獵殺隱私時代:10個讓你失去隱私的理由／錢世傑
著．－－初版一刷．－－臺北市：三民，2004
　面；　　公分－－(生活法律漫談)
ISBN 957-14-3961-4　(平裝)

1.隱私

541.7　　　　　　　　　　　　　　　　　93000020

網路書店位址　http : // www. sanmin. com. tw

© 獵殺隱私時代
——10個讓你失去隱私的理由

著作人　錢世傑
發行人　劉振強
著作財　三民書局股份有限公司
產權人　臺北市復興北路386號
發行所　三民書局股份有限公司
　　　　地址／臺北市復興北路386號
　　　　電話／(02)25006600
　　　　郵撥／0009998-5
印刷所　三民書局股份有限公司
門市部　復北店／臺北市復興北路386號
　　　　重南店／臺北市重慶南路一段61號
初版一刷　2004年2月
　編　號　S 585220
　基本定價　肆　元
行政院新聞局登記證局版臺業字第○二○○號

ISBN　957-14-3961-4　（平裝）

序

　　小市民在路上掉了五百元，可能要心疼好久，懊悔剛剛怎麼沒有把錢擺好，這就是財產權的概念；如果被壞人綁架了，行動沒辦法完全自由，就會想要像小鳥一樣自由自在地飛翔，這是自由權的概念。但是如果得知你的姓名、電話號碼、住址、年收入等個人資料，市面上的價值一份不到三塊錢，你會心痛嗎？當別人拿到你的行動電話號碼，打電話向你推銷商品服務時，除了感覺到不舒服外，你會採取怎樣的行動呢？這就是隱私權。然而隱私權的侵害不像財產權，會直接地損失個人的財產，也不像被綁架、被打、被殺，會直接地有不舒服的感覺，讓人覺得即使隱私權被侵害了，假裝沒看見不就沒事，一種可有可無的感覺。所以，過去的臺灣社會實在欠缺隱私權的概念。

　　1890 年，美國學者華倫 (Samuel D. Warren) 及布蘭德斯 (Louis D. Brandies) 發表的〈隱私權〉(The Right to Privacy) 之文章中，認為隱私權就是「生活的權利」(right to life) 與「不受干擾的權利」(the right to be let alone)。自此美國法院開始認可隱私權的存在，歷經一百多年，迄今已建立一套完整的隱私權保護制度。反觀我國，直到民國 87 年，才出現由詹文凱所撰寫的第一本探討隱私權的博士論文，可以說是足足落後

美國一百餘年。以美國為例，民間有許多隱私權團體，充分扮演推動維護民眾隱私權利的角色，臺灣從事這方面工作的有心人士卻少之又少，所以即使我國已經認知到隱私權的重要性，但推動的路途依舊漫長。

最近，關於隱私權的討論逐漸增多，尤其是狗仔隊入侵立委諸公、影視歌星、政治人物的生活，把這些大人物的私生活攤在陽光下，讓一般民眾檢視，甚至於可以說是「純欣賞」，因此也使這些被報導者深表不滿，力促許多法案的通過，以保障自己的隱私權不再被侵害。實際上，隱私權並不僅僅限於媒體播報個人生活的情形，其實在你我的周遭，隨時都會有許多讓人難堪的侵害隱私行為上演，造成許多有形及無形的傷害。例如蒐集販賣個人資料的公司、隨時打電話騷擾你的行銷公司、躲在遠處偷偷看你在網路上做什麼的駭客，甚至於政府行使其公權力，都是屬於侵害隱私權的行為。尤其是在現今高科技的社會，監聽、監控設備充斥，連手機都能變成照相機，許多著名的人物都已成為高科技下的犧牲品。怎樣在科技迅速發展的社會中，保有自己應享有的隱私權，成為一項重要的議題。

直接談隱私權在學術上的概念太過嚴肅，一般民眾很難了解、也沒有必要了解隱私權的定義、法律構成要件，可能看了一兩頁這種文章，就已經夢周公去了。所以本書找了十個輕鬆的例子，舉出比較常見的一些侵害個人隱私的案例，希望從這些周遭實際發生的事情，讓大家逐漸建立隱私權的

概念，進而了解到隱私權被侵害對於個人生活的影響，以及
要如何防範才能使個人的隱私不被任意地侵害。

　　個人從事網路法律的研究已有多年，從 1999 年正式設立
「台灣網路法律中心」網站 (http://www.chinalaw.org/) 迄今，
結交了許多志同道合的朋友，也撰寫了許多有關於網路監控、
電子商務隱私、電腦鑑識、網路色情、資訊倫理等議題的文
章與書籍，一直在網路法律的領域貢獻一己之心力。1999 年
初，進入法務部調查局工作，更學到許多實務上的經驗，因
此，希望能將過去學術上的知識以及實務上的經驗相結合，
藉由本書的推出，進一步向國內民眾推廣隱私的概念，讓臺
灣人民的隱私權不再那麼廉價，讓商人不要再繼續漠視民眾
的隱私權，讓個人隱私不至於成為政府拼經濟政策下的一個
卑微的祭品。

錢世傑

2004 年 1 月 1 日

service@kmcas.com

本書導讀

◎隱私權侵害指數

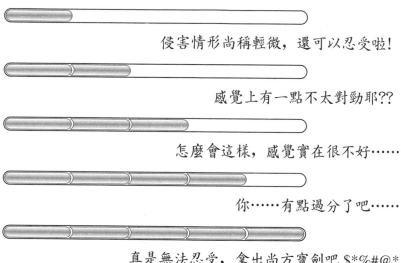

侵害情形尚稱輕微，還可以忍受啦！

感覺上有一點不太對勁耶??

怎麼會這樣，感覺實在很不好……

你……有點過分了吧……

真是無法忍受，拿出尚方寶劍吧 $*%#@*

◎怎麼找國內判決、法令？

　　要找國內法院的判決，其實很簡單，只要連上司法院網站 (http://www.judicial.gov.tw)，在 92 年新修訂的網頁，點選左側的「資訊公告園地」，就可以看到「裁判書查詢」，再點選進入後，即可依據法院名稱、裁判類別、判決字號、判決案由、判決日期及全文檢索語詞等進行查詢，找到你所要的

判決。

　　至於要怎麼找國內相關法令，也很簡單，可以連上全國法規資料庫 (http://law.moj.gov.tw/)，一般來說，直接點選上方的「法規檢索」，即可輸入檢索字詞，找到你所要的法令。

◎怎麼找國外判決、法令？

　　怎麼找國外的判決與法令呢？這個問題比較難一點，但是對於本書的讀者，若需要找到與本書內容相關的法令，可以直接連上 FindLaw 的網站 (http://www.findlaw.com/)，除了可以找到豐富的美國法律資源，更可以找到世界上許多國家的法律資源，可以說是法律界的 Yahoo 或 Google 喔！

◎你還可以學更多

　　在每一篇文章的最後都有「你還可以學更多」，其中的內容就是該篇文章參考的資料，若是想要更深入了解該篇文章的背景、法律探討等內容，可以到圖書館、網路上找找看本書所列舉的資料，相信你一定會有更多的收穫。

獵殺隱私時代——
10個讓你失去隱私的理由

目 次

序

本書導讀

1 金融控股公司偷賣我的個人資料嗎？

生活實況轉播——麥擱卡啦！ 2

個人資料有哪些？ 為何大家都搶著蒐集？ 4

什麼是金融控股公司？ 8

金融控股公司怎麼處理客戶的資料？ 11

我要怎麼做才能保護自己呢？ 15

你還可以學更多 17

2 什麼，警察偷偷爬牆到我家？

一個小故事：Scarfo 案 20

什麼是 KLS？ 21

使用 KLS 是否合法呢？ 23

有使用 KLS 的必要性嗎？ 30

你還可以學更多 31

3 我上班的時候偷看色情網站，老闆知道嗎？

企業實況——聯○電子公司開除員工案　　　34

老闆能偷看我的電子郵件嗎？　　　35

上班時偷看色情網站，會不會被炒魷魚？　　　41

老闆該怎麼做？　　　42

你還可以學更多　　　43

4 隔著牆壁也要看到你

一個小故事：Kyllo 案　　　46

什麼是熱能顯像儀？　　　48

執法人員要怎麼樣才能合法使用熱能顯像儀呢？　　　48

相關法律規定　　　50

你還可以學更多　　　55

5 收不完的垃圾郵件

生活實況轉播　　　58

為什麼別人知道你的電子郵件位址？　　　60

誰是垃圾郵件的幫手？　　　62

寄送垃圾郵件違法嗎？　　　62

如何保護自己？　　　63

如何合理地寄發電子郵件？　　　66

你還可以學更多　　　68

6 恐怖時代來臨，我還能保有多少隱私?

恐怖的九一一事件   70

美國的因應對策   72

    對策 1: 通過愛國者法   72

    對策 2: 通過國土安全法   77

    對策 3: 實際運作的科技   78

我國反恐怖立法的方向   82

你還可以學更多   85

7 你知道你家被偷拍了嗎?

生活實況轉播   88

什麼網站這麼神奇呢?   88

拍攝建築物的外觀有何用途?   89

敢再拍我家，就到法院告你?   90

筆者觀點   95

你還可以學更多   96

8 電視新聞的「男主角」

一些小故事   98

    狀況 1: 阿扁女兒文定之喜   98

    狀況 2:「搭便車」與警方一起搜索   99

狀況 3： 假扮醫護人員採訪　　　　　　　　 100

狀況 4： 誰偷了國家的電──大陸發生的案例　　101

民眾如何主張自己的權利?　　　　　　　　 103

新聞自由與隱私權的衝突　　　　　　　　　 106

記者應注意事項　　　　　　　　　　　　　 110

你還可以學更多　　　　　　　　　　　　　 112

9 網路上抓壞蛋──網路監聽

一些小故事　　　　　　　　　　　　　　　 114

網路監聽的技術　　　　　　　　　　　　　 116

我國法律怎麼規定?　　　　　　　　　　　 119

我國網路監聽未來之發展方向　　　　　　　 123

你還可以學更多　　　　　　　　　　　　　 127

10 注意，駭客就在你身邊!!

一個小故事： 邱○○入侵銀行帳戶案　　　　130

駭客為什麼要入侵?　　　　　　　　　　　 131

駭客入侵的步驟　　　　　　　　　　　　　 133

駭客入侵涉及的刑責　　　　　　　　　　　 139

你要怎麼保護自己?　　　　　　　　　　　 140

還有哪些該注意的事項?　　　　　　　　　 145

你還可以學更多　　　　　　　　　　　　　 147

結　語

為什麼你一定要有「隱私權」?　　　　　　　　149

附　錄

附件 A　　美國憲法第一、第四修正案　　　　　153

附件 B　　金融控股公司之子公司進行共同行銷相關規範　154

附件 C　　金融控股公司及其子公司自律規範　　156

附件 D　　總統府官邸入侵案　　　　　　　　162

附件 E　　司法院釋字第 509 號解釋　　　　　177

附件 F　　刑法第 36 章「妨害電腦使用罪」　178

圖　次

圖 1–1：消費分析表　　　　　　　　　　　　　　　3

圖 1–2：金融控股公司客戶資料處理流程圖　　　　12

圖 1–3：「保密協定」示意圖　　　　　　　　　　15

圖 6–1：TIA 運作圖　　　　　　　　　　　　　　79

圖 9–1：Carnivore 截取資料流程圖　　　　　　　119

圖 10–1：IP 組態 (1)　　　　　　　　　　　　　134

圖 10–2：IP 組態 (2)　　　　　　　　　　　　　135

圖 10–3：Windows NT/2000 顯示 IP 位置方式　　136

表　次

表 1–1：個人基本資料　　　　　　　　　　　　　4

表 1–2：個人敏感性資料　　　　　　　　　　　　5

表 1–3：金融控股公司資料一覽表　　　　　　　　9

表 1–4：金融控股公司分享客戶資料的相關規定　　13

表 4–1：與熱能顯像儀有關的法律規定　　　　　　54

表 7–1：住宅或建築物外觀拍照相關條文一覽表　　95

表 10–1：妨害電腦使用罪章一覽表　　　　　　　139

表 10–2：常見防火牆產品一覽表　　　　　　　　141

表 10–3：入侵偵測系統的型態　　　　　　　　　142

表 10–4：入侵偵測系統常見產品一覽表　　　　　143

1

金融控股公司偷賣我的
個人資料嗎？

隱私權侵害指數：

◈ 生活實況轉播──麥攔卡啦!

相信你的手機一定常接到下列電話:

「您好,請問是李先生嗎?這裡是○○銀行……您有向其他銀行貸款嗎?……本行目前正推出現金卡,有沒有興趣申請一張現金卡……」

「您好,林小姐嗎?我們這裡是○○保險公司……最近SARS 非常嚴重,您是否願意加入我們一年期的抗煞專案……」

「您好,王總經理嗎?我們是○○控股公司旗下的證券部門,目前整合銀行與證券業,只要開一次戶,就可以享有多種服務,要不要開個戶頭呢……」

三十歲的陳小姐,家住新店,四歲的小女兒正準備唸幼稚園,最近也不知道為什麼,每週都會接到來自新店各地數十家私立幼稚園的行銷電話,為何這些幼稚園可以知道她的小女兒正準備要上幼稚園呢?其他還有各種奇奇怪怪的行銷電話,包括販賣未上市股票、度假村的會員卡,甚至於還有酒店小姐的拉客電話,而且對方很清楚個人的資料,應該不是隨機抽樣選出的電話號碼。

相信除了接到手軟的電話,你家樓下的信箱與電子郵件信箱,

也一定常常收到銀行寄來的產品行銷目錄、六個月免費保費單（銀行與保險業合作）、強制責任保險要保書、信用卡附卡申請書、聯名卡申請書（如與金石堂、中國石油合作發行）、旅遊行銷目錄等各種「廣告」。這些都是金融業者為了達到產品行銷的目的，將個人資料充分利用，當然有些業者更提供進一步的「貼心服務」，每年都會寄發「消費分析表」（如圖 1-1），分門別類記錄食、衣、住、行、育、樂各方面消費，列出信用卡客戶每一大項的年度消費筆數、消費比例及消費金額，另外也會分析各月的消費紀錄、國內外消費比例、每月消費金額及正附卡消費比例等，協助個人瞭解每一年的消費狀況。但是這種成為金融機構研究對象的感覺，實在讓人心中發毛。

2002年度消費分析表

為讓你更瞭解下列分類，請參考背面的注意事項及消費分類說明。

消費類型

類　型	筆　數	消費比例	臺幣金額
百貨	18	12%	30, 690
餐飲	9	4%	9, 321
服飾	0	0%	0
眼鏡／鐘錶金飾	0	0%	0
家庭開銷	0	0%	0
電信費用	24	7%	19, 432
電腦電器用品	1	1%	1, 490
住宿	2	2%	4, 068
航空及旅遊費用	0	0%	0
交通工具相關費用	0	0%	0
加油費用	13	3%	6, 620
監理站費用	0	0%	0
教育費用	1	4%	11, 250

圖 1-1：消費分析表

　　一般人接到前面所述的電話、廣告信件及電子郵件，都會質疑：明明只和○○銀行有往來，但屬於同一集團的○○證券業、保險業卻一直打電話，要求我開戶、向我推銷保險；我曾經將自己的姓名、手機號碼等個人資料提供給這些業者嗎？尤其是臺灣允許成立金融控股公司後，這一類的行銷電話愈來愈多，這種情形合法嗎？該如何保障自己的權利呢？就讓本文一步一步地加以說明。

個人資料有哪些？為何大家都搶著蒐集？

◈ 個人資料的種類

　　個人資料可以分成基本資料與敏感性資料，基本資料包括姓名、出生年月日、身分證統一編號、電話及地址等，敏感性資料則包括帳務資料、信用資料、投資資料及保險資料等（金融控股公司及其子公司自律規範第 2 條），分別表列如下：

表 1-1：個人基本資料

項　　目	舉　例　說　明
姓名	例如筆者的名字「錢世傑」
出生年月日	例如筆者出生於 60 年 8 月 24 日，不要到處宣傳喔，但生日那一天，記得恭喜我又老了一歲
手機號碼	我有好幾支電話號碼 ^–^
電子郵件信箱	如果生日那一天，你要恭喜我老了一歲，可以寄一封 E-mail 到我的 007@chinalaw.org 電子郵件信箱

身分證統一編號	你知道有一種軟體叫做「身分證字號產生器」，可以產生一組正確的身分證字號，但有違法之嫌，使用前還是三思而行
電話及地址	例如總統都住在臺北市中正區重慶南路一段 122 號，電話號碼是 (02)2311-3731

表 1-2：個人敏感性資料

類　　別	項　　目	舉　例　說　明
帳務資料	帳戶號碼或類似功能號碼、信用卡帳號、存款帳號、交易帳戶號碼、存借款及其他往來交易資料及財務情況等資料	例如郵局的帳號0001234-0345999、信用卡卡號5555-0000-3355-6699、貸款資料
信用資料	退票記錄、註銷記錄、拒絕往來記錄及業務經營狀況等資料	例如退票記錄、拒絕往來戶等資料，可向票據交換所查詢
投資資料	投資或出售投資之標的、金額及時間等資料	例如買賣期貨、股票、基金等往來資料
保險資料	投保保險種類、年期、保額、繳費方式、理賠狀況及拒保記錄等相關資料	例如曾經購買人身保險、財產保險或強制汽車責任險等保險的情形
其他資料	如醫療或健康資料等	例如曾罹患某種重大疾病，或有同性戀傾向等

◈ 為何大家都搶著蒐集個人資料？

一、客戶關係管理之概念

　　無論是等一下會介紹的金融控股公司、會員俱樂部、錄影帶店，或者是路邊填資料送汽球的業者，為何這個時代，大家都搶

著蒐集個人資料？其實這就要談到「客戶關係管理」（Customer Relationship Management，簡稱 CRM）的概念。隨著科技的演進，使得資料倉儲與資料探勘等技術成本降低，各行業為有效進行客戶行銷，紛紛以各種管道蒐集客戶資料，從 1980 年代的「接觸管理」(Contact Management)、1990 年代的「客戶服務」(Customer Care)，到最近幾年的 CRM，透過整合各種與客戶互動的管道與媒介，利用「資料倉儲」、「資料探勘」等科技對客戶進行分析，以推展行銷業務及提升經營績效。所謂 CRM，係指「企業藉由許多通路，獲取及利用來自現有顧客及潛在顧客的精確資訊，以滿足顧客需求之一連串過程」。完整的 CRM 系統結合網路、通訊、電腦軟硬體等資訊科技，加以整合企劃、行銷與客戶服務，除提供客戶量身訂作的產品與服務，滿足客戶需求，提高客戶忠誠度與企業營運績效外，透過所蒐集的客戶資料，可成為分析市場趨勢、產品創新與開發新客源的基礎。

二、個人資料商品化之趨勢

我國金融控股公司法之通過，使金融控股公司能在跨業經營下進行資訊交互運用，使客戶資訊集中，藉由各種新興技術，將單純的資料整合成為有用的資訊，分析發掘資料間隱藏的關聯性，以掌握客戶、積極提升競爭力。從企業角度而言，客戶資訊的集中運用，不但可以強化垂直與水平的深度開發，更可以達到客戶區隔之目標，如同企業經營策略中極重要的理論「二八法則」，百分之二十的關鍵性客戶，可以創造百分之八十的利潤，將客戶善加分析、歸類與區隔，依據客戶不同的屬性、偏好、消費行為模

式與貢獻度，來區隔不同的客戶族群，評估個人信用等級，針對不同客戶族群提供符合個別需求的客製化服務與產品。

以共同行銷為目的，與第三人分享客戶資料，美其名是提供客戶更好的產品介紹服務，但是骨子裡卻是為了自身的利益，由金融控股公司提供客戶資料，也就是另一種型態的「通路」，第三人提供商品，一定比例的銷售所得歸金融控股公司所有，換言之，個人資料已經成為商品的一種。

◇ 搶著蒐集資料會造成什麼影響呢？

過度蒐集運用客戶資料，卻可能致使隱私權蕩然無存，例如金控公司得將客戶的每一筆資料都儲存在資料庫中，包括購買保險商品所填寫的個人資料、醫療紀錄、曾罹患的疾病、信用卡消費紀錄、證券投資紀錄等，接著利用既有的資料，預先判斷消費者未來可能的消費模式，使金控公司能比你還了解你自己。另外，還會因為貧富差距而有不同的待遇，如國內某些大型百貨公司曾經封館，只讓特定「高貴富裕的人士」進館參加活動，且將無法為公司創造利潤的客戶歸類為次級，收取較多的費用，以彌補銀行提供服務之成本，造成客戶無法獲得平等的待遇，例如從不消費的信用卡用戶，就可能被要求收取服務費用。換言之，消費能力不佳的客戶將因為資料蒐集與整合產生經濟上新型態的不利益。

另外，有時候因為資料庫內容錯誤或資料太舊了，未必能真實呈現消費者的信用狀況、消費能力等特徵及屬性，消費者也幾

乎難以發現或更正這類錯誤，造成民眾權利無形的侵害。例如有些人不喜歡使用信用卡，資料無法真實呈現消費能力，但並非代表其無消費能力。未來資料庫的整合，固然對於業者分析消費者的行為有更強大的幫助，但此種資料無法修正與更新，以此種分析的結果，作為個人在社會結構中評價的依據，恐怕屬於另一種新型態的「白色恐怖」，值得深思。

總而言之，金控公司之對客戶資料進行分析運用，雖然能發揮金融機構綜合經營效益之目的，但並不意味著民眾必須放棄個人資訊隱私的權利。從法益平衡的觀點，必須從複雜的法益中進行判斷，尋求合理的平衡點，因此在金融控股公司的時代，國家有義務以各種可能的手段促進企業的利益，然此同時，並不意味著民眾資訊隱私已不存在，而是要更注意如何降低對民眾資訊隱私權的侵害程度，賦予資訊隱私最大的保障。

什麼是金融控股公司？

在瞭解個人資料有哪些後，進一步必須要瞭解金融控股公司的概念，以及金融控股公司成立後對於個人資料保護的影響。

首先談談金融控股公司的發展狀況。90 年間，我國通過金融控股公司法，允許銀行、證券、保險、票券金融及期貨等金融機構，得相互結合成金融控股公司，讓業者在產品、通路、資源、行銷、成本上可以有效互補，大幅提升銀行金融產品的完整性。而透過金融控股公司多元化的金融產品供應商的角色，以金融商

品交叉銷售法 (cross selling)，使消費者能透過單一金控公司滿足所有的需求。我國自金融控股公司法通過後，金融控股公司如雨後春筍般成立，目前設立的金融控股公司資料列表如下：

表 1-3：金融控股公司資料一覽表

金融控股公司名稱	子公司成員
中國信託金融控股公司 http://www.chinatrustgroup.com.tw/	中國信託商業銀行、中信銀綜合證券股份有限公司、中信保險經紀人（股）公司
玉山金融控股公司 http://www.esunfhc.com.tw/	玉山銀行、玉山票券金融公司、玉山綜合證券公司、玉山創業投資（股）公司
富邦金融控股公司 http://www.fubongroup.com.tw/	富邦銀行、富邦證券、富邦產險、富邦人壽、富邦證投信、台北銀行
第一金融控股公司 http://www.firstholding.com.tw/	第一銀行
建華金融控股公司 http://www.sinopac.com/	建華銀行、建華證券、建華客服科技公司、建華管理顧問公司、建華創業投資公司、建華人壽保險代理人公司、建華財產保險代理人公司
國泰金融控股公司 http://www.cathayholdings.com.tw/	國泰人壽、國泰世紀產險、國泰世華銀行
國票金融控股公司 http://www.waterland-fin.com.tw/	國際票券、國票綜合證券
華南金融控股公司 http://www.hnfhc.com.tw/	華南銀行、永昌證券
新光金融控股公司 http://www.skfhc.com.tw/	新光人壽、新壽證券

兆豐金融控股公司 http://www.ctnbank.com.tw/	交通銀行、倍利國際證券、中興票券、中國國際商業銀行、中國產險
日盛金融控股公司（上櫃） http://www.16888.com.tw/	日盛證券公司、日盛商業銀行
復華金融控股公司 http://www.fuhwa.com.tw/	復華證金、復華證券、復華銀行、復華期貨、復華證金投顧、金復華投信
台新金融控股公司 http://www.taishinholdings.com.tw/	台新銀行、台新票券、台證證券、台新資產管理公司、台新國際行銷公司
中華開發金融控股公司 http://www.cdibh.com/	中華開發工業銀行、菁英證券、大華證券

資料來源：財政部金融局 (http://www.boma.gov.tw/)

　　由上表可以得知，幾乎所有大型的銀行、證券、人壽等都已經整合成為金融控股公司，而且正逐步擴張當中，未來只要金融控股公司向主管機關提出跨業行銷的申請（備查制）後，整個金融控股公司內部，子公司相互間都可以分享客戶資料。說得好聽，是希望能透過資料分享與分析，提供客戶更完備、一次購足的服務，但事實上並非如此單純，消費者只要提供個人資料給其中一家子公司，個人資料與隱私就淪為金融控股公司的財產，使金融控股公司能更有效地達到行銷的目的、減低成本，甚至於將客戶分類管理，進行另一種「白色恐怖」。而客戶得到了什麼呢？若你相信金融控股公司能提昇服務品質的說詞，那倒是安慰自己的解決之道，但其實客戶最後得到的，多半只有接不完的行銷電話以及垃圾郵件。

　　如同金融控股公司法第 1 條所述，其立法目的在於「發揮金融機構綜合經營效益，強化金融跨業經營之合併監理，促進金融市場健全發展，並維護公共利益」，是從業者的角度出發，較著重於整併的過程，提昇業者的經營績效，而客戶權利的保障並非主角，也因此客戶的權利將遭到侵害，這就是我國的「金融控股公司法」。

◆ 金融控股公司怎麼處理客戶的資料？

金融控股公司處理客戶資料的流程

　　金融控股公司的客戶資料種類繁多,從最普遍的信用卡申請、銀行證券開戶的帳戶資料、購買保險及申請網路會員帳號所填寫的個人資料等，經由資料倉儲、資料探勘等資

```
┌──────────────────────────────────┐
│          小 小 加 油 站           │
├──────────────────────────────────┤
│ 「共同行銷」的定義：              │
│ 指同一金融控股公司之各子公司間，  │
│ 為共同業務推廣行為、共同使用客戶  │
│ 資料、共用營業設備、場所及人員或  │
│ 提供跨業之綜合性金融商品或服務。  │
│ (金融控股公司及其子公司自律規範   │
│ 第 2 條)                          │
└──────────────────────────────────┘
```

料庫分析技術，建立完整的客戶資料庫，並且再依據銀行、保險、證券期貨等子公司的需求，將資料相互分享利用，另外，也可以依據共同行銷的目的，將所整理完成的客戶資料分享給第三人。

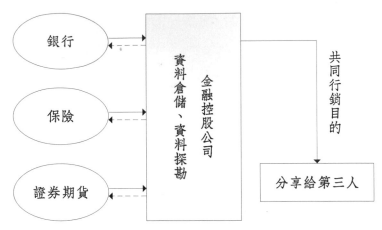

圖 1-2: 金融控股公司客戶資料處理流程圖

從上圖可以發現，金融控股公司除了會將整理好的資料，與旗下子公司分享外，還會分享給「第三人」，這一點就讓人很緊張了，也讓人心中起了很多疑問，為何金融控股公司可以將我的個人資料提供給第三人？第三人有誰？第三人怎麼處理資料呢？

◇ 需要你的同意

首先,談到為何金融控股公司可以提供客戶的資料給第三人,這是依據金融控股公司法第 43 條第 1 項的規定,肯定金融控股公司可以分享客戶的資料，條文內容如下:

金融控股公司與其子公司及各子公司間業務或交易行為、共同業務推廣行為、資訊交互運用或共用營業設備或營業場所之方式，不得有損害其客戶權益之行為。

　　但眼尖的你，有沒有發現哪邊不太對呢？只要把條文唸一遍，就會發現第 43 條第 1 項並沒有規定可以將客戶資料分享給第三人，只有規定可以分享給子公司，其實有關第三人的部分，規定在「金融控股公司及其子公司自律規範」，由於相關規定過於複雜，所以將之表列如下（是否須經客戶簽訂契約或書面明示同意者：▲代表 Yes；△代表 No）：

表 1-4: 金融控股公司分享客戶資料的相關規定

	各子公司間進行共同行銷	與其他第三人進行共同行銷
基本資料	△	△ （參閱備註）
敏感性資料	▲	▲ （參閱備註）
備註	金融控股公司法並沒有規定將客戶資料分享給第三人的部分，「金融控股公司及其子公司自律規範」有逾越母法之嫌疑	

　　由於基本資料範圍過小，因此為了取得更重要的敏感性資料，業者往往以「定型化契約」，讓客戶在不注意的情況下簽訂了契約，也讓自己的敏感性資料被他人合法的使用。以下的例子就是申請信用卡所填寫的申請表中，有許多字體很小，又很難理解的文字，其實裡面暗藏玄機，但是經過本文的介紹，相信讀者一定能有更深一層的認識。

○○○○中油聯名卡申請書

○○銀行信用卡用卡須知

......

六、本行作業委外處理

1. 申請人同意本行、本行所屬金融控股公司及其依金融控股公司法規定所控制之子公司，就共同行銷業務、交易帳款收付業務、電腦處理業務或其他與信用卡有關之附隨業務（如資訊系統之資料登錄、處理及輸出，資訊系統之開發、監控及維護，行銷，客戶資料輸入，表單列印，裝封及付交郵寄，表單、憑證等資料保存，卡片製作及送達，帳款催收及法律程序，……等【含符合特定目的之相關個人資料蒐集、電腦處理、國際傳遞及利用】），於必要時得依財政部規定或經財政部核准，委託適當之第三人或與各信用卡組織之會員機構合作辦理。申請人並同意本行、本行所屬金融控股公司及其依金融控股公司法規定所控制之子公司依前述目的得將其個人各項資料（包括但不限於基本、帳務、信用、投資、保險等資料）提供予該第三人。

2. 申請人同意本行得為共同行銷之目的將其個人各項資料（包括但不限於基本、帳務、信用、投資、保險等資料）提供予本行所屬之金融控股公司，及其依金融控股公司法之規定所控制之子公司間為揭露、轉介或交互運用。

......

　　上述第一點就是透過定型化契約的簽訂，讓申請信用卡的客戶同意將個人資料，包括基本資料、敏感性資料及其他資料，提供予共同行銷業務、交易帳款收付業務、電腦處理業務或其他與信用卡有關之附隨業務等第三人，但因為主要引起爭議的部分在共同行銷業務，所以其他部分本文並不討論。第二點則是指金融

控股公司內部間的資料運用。從這一連串的介紹，你應該可以體會到金融控股公司的時代，對你我的個人資訊隱私有多大的侵害了。

◈ 第三人有誰？怎麼處理資料呢？

即使你是一個細心的客戶，對於定型化契約條款或相關法律關係非常清楚，但是恐怕仍然無法知道第三人是誰、第三人如何處理你的資料。不過，身為消費者的你必須了解自己所應享有的權利，以及金融控股公司必須負擔的義務，依據金融控股公司及其子公司自律規範第 7 條規定，金融控股公司將客戶資料揭露予其他第三人時，必須簽訂「保密協定」，並維護客戶資料之機密性或限制其用途，且第三人不得再向其他人揭露資料，如下圖所示：

圖 1–3：「保密協定」示意圖

我要怎麼做才能保護自己呢？

介紹完個人資料的範圍以及金融控股公司的概念後，進一步要瞭解如何在個人資料被濫用的環境下保障自己的權益。

首先，可以到與你有往來的金融控股公司網站，查看有無有

關「客戶資料保密承諾」及「隱私權保護聲明」的網頁，從裡面可以發現許多資料，包括資料蒐集方式、資料儲存及保管方式、資料安全及保護方法、資料分類、利用範圍及項目、資料利用目的、資料揭露對象、客戶資料變更修改方式、行使退出選擇權方式等內容。

若察覺個人資料有錯誤或需修改時，應隨時透過金融控股公司所提供的服務管道，進行必要的更正、修改，若根本沒有提供此類服務，請儘快提出嚴正的抗議，並立即斷絕任何往來的關係，因為一個只重視利益的企業，其客戶無法享有應得的權利，有如一頭待宰的肥羊，只有被賣掉的份。

另外，還有退出選擇權的行使，也就是不願意再收到任何廣告行銷的資料，或讓金融控股公司將我的個人資料與第三人分享，可以透過服務的管道要求金融控股公司從共同行銷名單上移除自己的名字。以筆者自己的經驗，為維護自己的資訊隱私權利，曾以 0800-024365 的二十四小時免費服務專線，要求中國信託商業銀行從共同行銷名單上移除自己的名字，還記得當時接電話的服務小姐可能很少接到這一類的電話，居然說不會將我的名字放入行銷名單內，經過我的糾正，特別強調這是移除，不是拒絕放入（因為已經在名單上了）。不論如何，至少我行使了個人隱私的基本權利，那你呢？以下是中國信託金融控股公司「客戶資料保密承諾」的部分內容，可供參考：

9.當您發現個人資料需修改時，經過身分認證無誤後，您可透

過我們提供的服務管道來更正、修改。

10.您有權於任何時間透過我們所提供之管道從共同行銷名單上移除自己的名字。

　　但並不是每一家金融控股公司都非常注重客戶的隱私權利，有些網站或公司張貼公告的內容並不明確，或者是用程序來阻撓客戶行使權利，例如要行使選擇退出權，還必須以書面送達，或親赴各分支據點填寫聲明書，這時消費者就要明確表達自己的立場，好好的抗議一下了。不過經過實地檢視各金融控股公司的網站，有的居然連「客戶資料保密承諾」及「隱私權保護聲明」的網頁都沒有，或者是根本沒有擺在明顯的地方，這種情況真是讓人無法理解也無法忍受。希望經由本書的介紹，讓你能初步地了解自己的權利，也能夠主動積極的保護自己，可千萬別讓自己的權利睡著了。

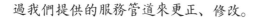 你還可以學更多

⊙ Janet Dean Gertz, "The Purloined Personality: Consumer Profiling in Financial Services", 39 San Diego L. Rev. 943, 959–963.

⊙李桐豪，〈由美國金融服務業現代化法看我國的金融控股公司法〉，《台灣金融財務季刊》，第二輯第二期，民國 90 年 6 月，第 1–17 頁。

⊙吳琮璠、謝清佳，《資訊管理理論與實務》，智勝文化總經銷，

民國 89 年 5 月第四版。

⊙許正誼,〈我國銀行業發展顧客關係管理導向的電子商務策略探討〉,東華大學碩士論文, 民國 91 年 7 月。

⊙陳裴紋,〈美國金融服務業現代化法案之內容及其影響〉,《中央銀行季刊》, 第廿二卷第一期, 第 13–30 頁。

⊙金融控股公司法。

⊙金融控股公司之子公司進行共同行銷相關規範 (參照附件 B)。

⊙金融控股公司及其子公司自律規範 (參照附件 C)。

2

什麼，警察偷偷爬牆到我家？

隱私權侵害指數：

◈ 一個小故事：Scarfo 案

　　這是一個發生在西元 1999 年的實際案例，在美國有一位 Scarfo，從事賭博與放高利貸，經由美國聯邦調查局（Federal Bureau of Investigation，下稱 FBI）發現後，立即著手偵辦，並向法院申請搜索票，到他的營業地點執行搜索，搜獲許多與犯罪有關的證據。但其中有一個名為 "Factors" 的檔案，因為設有密碼，一直無法解開，FBI 懷疑這一個檔案與犯罪有關，一定要將這個檔案破解，然而密碼破解的工作非常困難，更曠日費時，說不定過了一、二年還沒有辦法破解。

　　為了破解這個檔案的密碼，FBI 決定採用一種以前從未使用過的偵辦科技，稱之為 Key Logger System（簡稱 KLS）。首先，FBI 要安裝 KLS，必須向法院申請搜索票，而搜索票的內容並非允許 FBI 直接敲 Scarfo 家的大門，要求他提供破解的密碼，或者是長驅直入 Scarfo 的家中，東翻翻西找找，而是允許 FBI 派員像小偷或類似蜘蛛人，偷偷地打開大門的鎖或攀爬潛入 Scarfo 的家中，然後將 KLS 安裝到他所使用的電腦中，記錄所有鍵入電腦的資料。過幾天以後，FBI 又再偷偷地潛入 Scarfo 的家中，將所記錄的內容取走，因為鍵入電腦的內容會被 KLS 完整地記錄下來，只要經由還原的程序，就可以知道 Scarfo 所鍵入的內容。最後 FBI 順利得知密碼，並解開 "Factors" 的檔案，讀取其中的內容，而不需要大費周章地破解密碼。

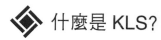 什麼是 KLS?

　　KLS 是一種鍵盤側錄木馬程式，使用此類軟體的主要目的，在於偷窺並竊取他人非公開的活動或個人重要資訊，其可以隱藏在電腦病毒、免費軟體內，當使用者中電腦病毒或安裝軟體的時候，KLS 就會偷偷地安裝到使用者的電腦內，將使用者每一個鍵盤輸入的動作、瀏覽的畫面記錄下來，然後透過電子郵件的方式，寄回給安裝 KLS 的有心人士。但是在 Scarfo 案，FBI 所使用的 KLS，並不是隱藏在電腦病毒或免費軟體內，透過網路植入 Scarfo 的電腦中，而是由 FBI 派員偷偷地潛入 Scarfo 家中，在 Scarfo 完全不知情的狀況下，安裝至他的電腦內，等到過幾天後，再偷偷地潛入 Scarfo 的家中，將所記錄的內容取回，希望從所竊取的資料中，得知 Scarfo 的密碼。

　　在應用領域方面，其實 KLS 並非專為破解密碼而設計，只是利用此種軟體所提供的功能，也可以得到密碼。當然除了密碼之外，若是使用者上網進行交易，輸入個人的信用卡帳號、密碼等個人重要的金融資料，KLS 就會側錄下來，傳回給 KLS 的安裝者，接下來就可以利用使用者的個人私密資料為所欲為了。與 KLS 相仿的監控軟體，也可以適用於企業對於員工的監控管理，避免員工偷偷地將涉及營業秘密的資料，販賣給其他競爭對手，

造成企業的嚴重損害；而家長要瞭解孩子使用電腦的狀況，可以利用安裝類似 KLS 的監控軟體，查看孩子有沒有偷看色情網站，自己的女兒有沒有和怪叔叔聊天，或在網路上從事不法的勾當。

過去執法人員常會碰到各種有關破解密碼的狀況，例如開機時 Bios 加密、系統登入密碼、或檔案加密等情形，傳統解決方法，首先都會直接詢問檔案所有人或系統管理者，若發生在搜索的現場，可能要翻翻垃圾桶、電腦旁邊的小筆記本，看看有沒有相關的帳號密碼資料。但是要犯罪嫌疑人配合，通常比登天還難，若遭到拒絕提供或消極不配合，則只好自力救濟。若是在開機時 Bios 加密的情況，此時最簡單的破解方法，就是將主機板上之電池拔開，待電力耗盡後再裝上，則還原至未設定密碼之狀態。在系統登入密碼方面，可以透過其他開機片或系統，跳過原系統存取資料，或者是拆除該系統之硬碟，當作其他電腦的第二顆硬碟進行解讀，或使用市面上現有的破解登入帳號的軟體等各種方法加以解決；若是遇到檔案加密的情況，如微軟 Office 軟體所產生的文件、zip 檔，已有解密軟體可以解密，只是解密的時間會依據密碼長度及複雜性而有所不同，例如密碼只是英文或數字，或二者之混合，較為容易破解，若是英文大小寫混合，則較為困難，若再加上特殊字元符號，則難度最高，需要經過漫長的時間才能破解。

最後要補充的是，除了傳統的密碼破解方法，與本文所提到的 KLS 外，目前執法機關為了破解密碼，還提出很多不同的解決之道，包括金鑰托管制、金鑰回復制及 Magic Lantern 等制度與方

法，希望能以不同之方式，降低系統、檔案加密對於案件偵查之影響。

使用 KLS 是否合法呢？

KLS 是合法的軟體

我國刑法新制定的妨害電腦使用罪章，其中不法人士製作電腦病毒（例如：梅莉莎、I love You 等）、木馬程式（例如：Back Office 等）、電腦蠕蟲程式（例如：Code Red 等）等惡意之電腦程式，對電腦系統安全性危害甚鉅，往往造成重大之財產損失，1999年 4 月 26 日發作之 CIH 病毒造成全球約有六千萬臺電腦當機，鉅額損失難以估計，即為著名案例，因此實有對此類程式的設計者加以處罰之必要。但是坊間許多工具程式雖可用於入侵電腦系統，究其主要功能乃係用於電腦系統或網路之診斷、監控或其他正當之用途，為避免影響此類工具程式之研發，故刑法第 362 條僅限於專供犯本章之罪之惡意程式。第 362 條規定：

> 製作專供犯本章之罪之電腦程式，而供自己或他人犯本章之罪，致生損害於公眾或他人者，處五年以下有期徒刑、拘役或科或併科二十萬元以下罰金。

基本上，KLS 屬於鍵盤側錄的木馬程式，雖然可用於入侵電腦系統，但設計的目的仍在於正當的用途，許多商用的軟體，可

以提供企業主、家長等有需要的人士，監控員工、小孩使用電腦的情形，因此並不是專為電腦犯罪所使用，故並不涉及刑法妨害電腦使用罪章的問題。但是仍然要依據實際使用的情形，判斷是否涉及刑法第 315 條之 1、315 條之 2，及民法隱私權侵害的相關規定，而必須負民、刑事的責任。

◇ 美國使用 KLS 的法律依據是什麼？

美國在制定網路電子安全法（Cyberspace Electronic Security Act，以下簡稱 CESA）的時候，曾經提出第 2713(a) 條有關「藉由其他機制取得回復資訊或未加密文件」規定，內容主要是聯邦政府依法取得授權，以搜尋或取得能接觸未加密資料或通訊之回復資訊或其他資訊，或安裝與使用回復裝置。但因此規範爭議性過大，在送交國會後遭到刪除。

2000 年 1 月時，美國有鑑於恐怖分子會利用加密技術隱藏犯罪行為，因此向國會建議，不需要制定新的法律，執法人員只需要向法院聲請授權許可後即可為前述偵查作為，且無須立即通知涉嫌人。Scarfo 案中，法院依據執法機關的聲請，所核發令狀的授權範圍，即為「授權從其電腦搜尋與扣押與加密金鑰有關通行用詞」與「安裝能監控鍵入至 Scarfo 電腦的內容，且能記錄有關金鑰資訊之軟體、韌體與硬體設備」。

另外，搜索需要通知被搜索人，惟若通知被搜索人，則執法人員無法再次潛入被搜索人家中，以電腦還原資料。為解決此一問題，CESA 第 2713 (b) 條規定得延後通知三十天，但在送交國會

之最後草案亦遭刪除；美國本土安全提昇法（Domestic Security Enhancement Act of 2003，有稱之為愛國者法第二版，以下簡稱 DSEA）第 123 條則規定可以延後通知，但是以涉及恐怖活動的案件調查為限。

因此，以目前美國法院的見解與相關法令規定，基本上是肯定 KLS 的使用屬於合法行為，認為是搜索的範圍。目前 Scarfo 案引發實務與學術界極大的討論，未來發展的結論如何尚不得而知，而且若使用者利用網路與他人聊天，將聊天的內容記錄下來，算不算監聽（通訊監察）的一種，以下將繼續進行討論。

◈ KLS 的使用是否屬於監聽？

什麼是監聽？ KLS 為何會和監聽扯在一起？這些觀念是必須要先釐清的部分。

監聽，比較正確的說法是「通訊監察」，我國就通訊監察方面，制定有「通訊保障及監察法」，但是為了使一般讀者較容易接受，本文仍然使用監聽一詞。所謂監聽，簡單而言就是「以各種器材方法截取他人通訊的行為」，至於可以監聽哪一類的通訊，法律有明文規定（通訊保障及監察法第 3 條），介紹如下：

一、利用電信設備發送、儲存、傳輸或接收符號、文字、影像、聲音或其他信息之有線及無線電信。

二、郵件及書信。

三、言論及談話。

　　至於第二個問題，KLS 為何會和監聽扯在一起？因為 KLS 能側錄經由鍵盤輸入的內容，假設使用者正在上網和別人聊天，依據前面有關監聽的定義，當然屬於通訊的一種，所以 KLS 記錄的內容，就會涉及監聽的問題。不過在 Scarfo 案，FBI 有將 KLS 進行特別的設定，只要使用者上網，KLS 並不會記錄任何上網的內容。談到這裡，你或許會問，為何 FBI 不直接向法院申請許可監聽（核發通訊監察書），其實這是因為美國申請搜索票與通訊監察書的程序並不相同，通訊監察書的要求較為嚴格與複雜，FBI 因為握有的證據還不太夠，所以在這個案件中，只能聲請搜索票，而沒有申請許可監聽。為了避免有違法監聽的嫌疑，因此 FBI 特別將 KLS 設定成不會記錄任何上網的內容，即使同時處理不同的視窗，例如一邊上網瀏覽網頁，一邊使用 Word 文書處理器，只要是在連線上網的情形，無論事實上到底有沒有進行網路通訊，KLS 都不會記錄任何資料。

　　但是未來在使用 KLS 時，仍然會面臨申請許可監聽的問題，因為在 Cable Modem、ADSL 等上網方式價格逐漸降低，使用人數迅速增加的時代，利用數據機撥接上網的情況會愈來愈少，也就是說未來只要打開電腦，可能會一直處於連線上網的狀態。因此，若一上網就停止記錄，那可能無法記錄到任何的內容，所以 KLS 算不算是監聽，可不可以向法院申請監聽的許可，都是一定會面對的問題。

　　總而言之，KLS 目前只有美國的 FBI 在使用，美國法院目前認為只要有依法申請搜索票，就可以使用這一種設備，並以維護

KLS 的機密為由，拒絕 Scarfo 希望 FBI 能提供 KLS 詳細資料的要求。但是 KLS 算不算是監聽的一種？ FBI 若以申請通訊監察書的方式向法院提出申請，法院是不是會核准申請呢？從本案的發展並沒有辦法知道。

◈ 我國可不可能採用 KLS？

我國執法機關目前並沒有使用 KLS，因此有必要討論 KLS 是不是適用於我國的制度。由於科技發展過於快速，當初立法者並沒有思考到相關的問題，所以只能就目前的法律規定，研究看看是否能適用於 KLS。以下分別就 KLS 可能具備的監聽（通訊監察）以及搜索的性質，分別介紹我國刑事訴訟法及通訊保障及監察法的規定。

首先，就我國刑事訴訟法加以介紹，刑事訴訟法有關搜索的制度，規範在第 122 至 153 條。有搜索及扣押之需要時，可以請鎖匠或自行將鎖打開，或實施其他必要之處分（第 144 條第 1 項）。若 KLS 屬於搜索行為，可不可以向法院申請搜索票？所謂搜索，係指為發現被告或犯罪證據物件及應扣押之物，而對於被告或第三人之身體、物件及住宅或其他處所，強制施以檢查處分。由於目前搜索票核發權已回歸法官，故一般申請搜索票的方法，除非符合第 130 條逮捕、拘提與羈押時之搜索、第 131 條之緊急搜索，及第 131 條之 1 經當事人同意之情形，否則原則上應向法官申請（第 128 條）。因此，目前刑事訴訟法尚無明文允許 KLS 此類「隱匿搜索」之型態，只能就前面所介紹的幾種搜索類型，討論看看

是否可以適用。

從搜索的意義及搜索票應記載的事項（第 128 條）觀之，似乎並沒有禁止法院授權執法人員使用 KLS。但是從整個搜索制度加以觀察，就算法院同意開立使用 KLS 的搜索票，但相關配套措施並沒有辦法相互配合，例如：

┌─────────────────────────────────┐
│ ○   **小 小 加 油 站**   ○ │
├─────────────────────────────────┤
│ 搜索票應記載的事項：   │
│ 一、案由。   │
│ 二、應搜索之被告、犯罪嫌疑人或應扣押│
│ 　　之物。但被告或犯罪嫌疑人不明時，│
│ 　　得不予記載。   │
│ 三、應加搜索之處所、身體、物件或電磁│
│ 　　紀錄。   │
│ 四、有效期間，逾期不得執行搜索及搜索│
│ 　　後應將搜索票交還之意旨。   │
└─────────────────────────────────┘

1.扣押證據時，應製作收據，詳記扣押物之名目，付與所有人、持有人或保管人（第 139 條第 1 項）。

2.執行搜索及扣押，除依法得不用搜索票之情形外，應向在場人出示搜索票（第 145 條）。

3.夜間原則上禁止搜索或扣押，除非經住居人、看守人或可為其代表之人承諾或有急迫之情形（第 146 條第 1 項）或符合第 147 條規定。

4.在有人住居或看守之住宅或其他處所內行搜索或扣押者，應命住居人、看守人或可為其代表之人在場；如無此等人在場時，得命鄰居之人或就近自治團體之職員在場（第 148 條）。

5.行搜索或扣押之日、時及處所，應通知律師、被告等得在場之人。但有急迫情形時，不在此限（第 150 條）。

　　以上這些條文都是「應」或「不得」的強制或禁止規定，而非「得」，也就是執法人員一定要按照法律規定執行，除非有第145條依法得不用搜索票之情形（如第130、131、131條之1，於後文說明）。使用KLS，可能會偷偷潛入涉嫌人住處好幾次，為了確保任務的隱匿性，不被涉嫌人發現，根本不可能將每次扣押的清冊及搜索票，讓涉嫌人知道，甚至於通知律師或被告「從旁觀看」KLS的安裝，而目前我國也沒有像美國一樣建立「延後通知」的制度，所以在配套措施沒有修改之前，我國有關一般搜索的制度，並不適用於KLS的使用。

　　至於第130條逮捕被告、犯罪嫌疑人或執行拘提、羈押時，雖無搜索票，得逕行搜索，與KLS的使用無關；第131條「因逮捕被告、犯罪嫌疑人或執行拘提、羈押，有事實足認被告或犯罪嫌疑人確實在內者」、「因追躡現行犯或逮捕脫逃人，有事實足認現行犯或脫逃人確實在內者」、「有明顯事實足信為有人在內犯罪而情形急迫者」及「有相當理由認為情況急迫，非迅速搜索，二十四小時內證據有偽造、變造、湮滅或隱匿之虞者」，也與一般使用KLS的情形不同；第131條之1有關「受搜索人出於自願性同意」的情形，因為被安裝KLS的涉嫌人根本不可能知悉，所以無法適用本條規定。

　　另外，有關通訊保障及監察法的部分，若KLS屬於通訊監察作為，依據通訊保障及監察法第13條但書規定，不得於私人住宅裝置竊聽器、錄影設備或其他監察器材，故基本上我國法律禁止在私人住宅安裝KLS，但是非私人住宅，例如公家機關，則並沒

有禁止安裝。

最後要說明的是，搜索係侵害人民之居住權及隱私權，依據憲法第 23 條之規定，須為防止妨礙他人自由、避免緊急危難、維持社會秩序或增進公共利益所必要者，始得以法律限制人民所享有的自由權利。故除非法律明文授權此種特殊型態的搜索，法院才可以授權執法人員安裝 KLS，否則就有侵害人權之嫌。

◈ 有使用 KLS 的必要性嗎？

FBI 為了破解 Scarfo 檔案的密碼，而以類似於小偷的方式，偷偷潛入其家中安裝 KLS，法院目前的態度，無論是搜索票的核發、或是事後拒絕提供有關 KLS 的詳細資料，基本上係站在支持 FBI 作為的一方。但是本案仍然受到民眾普遍的關心與討論，因為這種手法前所未有，而且沒有人喜歡自己家中被人入侵，無論是一般的搜索，眼睜睜地看著別人來「抄家」，或者是根本就不知道有人進來，偷偷安裝了 KLS。雖然執法人員只是到家中的電腦安裝小小的程式，但事後知道此事，心中也一定會覺得毛毛的。

不過任何事情都有一體兩面，有不好的一面，也會產生好的一面，雖然隱私權被侵害或限制，但卻能保障好人的生命財產權利。如同美國九一一恐怖攻擊事件發生後，對機場、邊界、重要公共場合的安全嚴加管制，並採用全身嚴格檢查、面部辨識、金屬探測儀等各種科技設備，雖然人民隱私權利較以往受到更多的侵犯，但卻大幅度確保國家與個人生命身體的安全。換言之，這

就是一種選擇，到底保護的重點在於隱私權，還是國家與個人生命身體的安全，或者著重於社會的利益。只要民眾能達到一定的共識，KLS 也是可以施行的犯罪偵查手段。

　　作者認為加密的技術不斷快速發展，要在短時間內破解密碼，恐怕日趨困難，無論是要達成打擊犯罪，或維護國家安全的目的，KLS 確實有存在的價值。只是在考慮實施的過程中，要特別考量「利益平衡」及「重罪原則」，兩者是一體兩面，前者好比「不能用大砲打麻雀」，打麻雀只要使用彈弓即可，若用大砲打麻雀，則附近的樹木及動物都會被波及到，顯然手段並不恰當；後者則可參考通訊保障及監察法，也就是一定要涉及重大犯罪者，如最輕本刑為三年以上有期徒刑之罪，才可以使用 KLS。Scarfo 案只是涉及賭博與重利罪，到底需不需要使用 KLS，必須比較 Scarfo 的個人權利以及賭博與重利罪制定時所要保護的法益，到底哪一個重要，這些都是立法者所要考量的地方。現行刑事訴訟法有關搜索的部分，並沒有採行「重罪原則」，故若將 KLS 視為搜索類型的一種，則只能由法官在核發搜索票，進行實質審查後，在符合刑事訴訟法第 122 條第 1 項「必要」的要件下，才可以核發搜索票，藉此為人民的基本權利做把關的工作。

你還可以學更多

⊙電子隱私資訊中心整理有關 Scarfo 案的相關資料，(http://www.epic.org/crypto/scarfo.html)。

⊙ 2001 年 12 月 26 日，法院支持 FBI 使用 KLS 的合法性，
(http://www.epic.org/crypto/scarfo/opinion.html)。

⊙ United States v. Scarfo, 180 F. Supp. 2d 572 (D.N.J. 2001).

⊙有關 Scarfo 案，法院核發搜索票的內容，(http://www2.epic.
org/crypto/scarfo/application_5_99.pdf)。

⊙有關美國本土安全提昇法 (又稱之為愛國者法第二版)，(http:
//www.epic.org/privacy/terrorism/patriot2.html)。

⊙錢世傑，〈網路通訊監察法制與相關問題研究〉，中原大學財
經法律研究所碩士論文，民國 91 年 6 月。

⊙錢世傑，〈加密技術對於網路通訊監察之影響與因應之道〉，
第七屆 2003 年資訊管理學術暨警政資訊實務研討會， 2003
年 5 月 9 日，載於研討會論文集，第 65–75 頁。

3

我上班的時候偷看色情網站，
老闆知道嗎？

隱私權侵害指數：

企業實況──聯○電子公司開除員工案

　　民國 90 年間因為臺灣電子業逐漸走下坡，產業紛紛移往大陸，某知名聯○電子公司受到這一波景氣不佳的影響，整體營運績效大幅滑落，該公司董事長小曹為了激勵員工士氣，在 7 月中旬透過電子郵件，向企業內每一位員工寄發一封公開信，信件內容描述目前公司受到大環境的影響，發展遇到瓶頸，業績有微幅下滑的趨勢，若持續發展下去，年終獎金會大幅度的縮水，希望所有員工共體時艱，持續的努力奮鬥，也希望大家能有心理上的準備，因為公司將加強考核員工的表現，對於績效無法達到一定數字的員工，將採取必要的裁員措施。

　　員工在接到董事長的這封信後，心裡都非常恐慌，公司內部引發廣泛的討論，也有的員工心生不滿，認為公司早就有傳言將裁減員工，這封信只是要讓裁員的作為正當化。因此，許多員工就將這封電子郵件轉傳給其他電子公司的友人，而在數小時內立即在同業廠商間廣為流傳，由於該電子公司可以算是臺灣國內重量級的廠商，一舉一動都動見觀瞻，媒體得知此消息後，隔日馬上成為頭版頭條的新聞，並引發熱烈的討論。

公司高層眼見此事鬧的滿城風雨，且電子郵件的內容說明目前營運不善的情形，這個消息外洩的結果，導致連續多日股票價格跌停板，造成股東的嚴重失血，董事長小曹一氣之下，遂指示公司內部資訊部門徹底調查追蹤將電子郵件洩漏出去的員工。由於該公司為了避免員工濫用網路資源從事與工作無關的事務，也為了避免公司商業機密遭駭客或內部不肖員工盜取，早已裝好網路監控系統，員工曾經瀏覽過什麼網頁、傳送過什麼資料，全部一五一十地記錄下來，所以資訊部門調查此事實在輕而易舉，短短一天內，就已經把誰曾經轉寄過此封電子郵件、寄送的對象、信件的內容，通通整理成一份報告，呈給董事長小曹裁決。經過小曹果斷地決定後，再透過網路公告，以「不務正業」的名義，以將公司內部文件傳送給競爭對手、媒體為由，開除了十五名員工，並將另外三百五十名員工列為「觀察名單」，留下察看。

老闆能偷看我的電子郵件嗎？

企業監看員工的現況

美國管理協會 (American Management Association) 於西元2001 年針對四百三十五家企業所作的調查指出，企業監控員工活動的目的在於提高生產力、觀察員工的表現、避免法律責任、確保公司安全、防止機密外洩。調查結果顯示 61.6% 的企業監控員工的網路瀏覽狀況，46.9% 的企業監控員工的電子郵件，36.3% 的

企業監控員工的電腦檔案，甚至於還有企業以攝影機監控員工的活動，監控電話通話時間及撥出的電話號碼，進來的語音訊息也在監控範圍之內。

這些都要歸功於新科技的發展，使得企業對於員工的監看也愈來愈容易。其實最初企業主要是希望藉由網路安全機制，防止駭客入侵企業的電腦系統，竊取公司機密或破壞電腦網路設備，造成無可彌補的損害，因此採用防火牆 (Firewall)、入侵偵測系統 (IDS) 等設備都可以達到一定的功效。然而許多情況下，內部員工造成的侵害未必小於駭客或病毒所造成的損害，因此許多企業才紛紛安裝監看設備 (Sniffer)，將員工上網及使用電腦的狀況，一五一十地完整記錄下來，更能過濾網路中「特殊」之內容。此舉除了能避免營業秘密外洩、維護電腦網路設備安全外，更可以防止許多員工下載與工作無關的色情影片或非法軟體，造成網路頻寬的浪費，大幅提升網路使用的效率，且能避免引起可能的法律訴訟。

在具體監控技術方面，包括封包監控軟體、鍵盤側錄技術、電話監控設備、影像監控裝置，以及能追蹤員工目前位置的智慧卡，只要雇主有心監控，員工在工作場合根本毫無隱私可言。監控的內容包括員工之電話、電子郵件與電腦檔案等項目，最常見者為電子郵件。此外，只要安裝具有特殊監控設備的軟體，任何透過網路的行為，包括上網看股市行情、聊天室、即時通訊軟體（ICQ 或 MSN Instant Messenger）、觀看影片等，都在企業主的掌控之中。這些監控紀錄，通常都是先儲存起來，若有任何危害公

司的事件發生，例如機密資料失竊、影響公司股市訊息的公佈，都可以立即從資料庫中將先前儲存的內容進行檢查分析。另外，這些軟體還可以提供企業二十四小時的即時監控，若有任何不法行為，可以透過特殊設計即時發現，防止公司損害發生。

　　企業內部監看固然能維護企業商業上之利益，但是對於員工權利卻會造成侵害，如何在公司營運與員工權利間取得平衡點，也成為一項重要的課題。

◈ 員工能主張什麼權利呢？

　　企業監看員工行為所涉及之相關條文，除了可能涉及民事上的侵權行為外，主要為刑法與通訊保障及監察法，以下先就相關法律條文進行介紹，其次再針對企業有無權利監看員工加以討論。

　　首先是刑法第 315 條的規定：

　　　無故開拆或隱匿他人之封緘信函、文書或圖畫者，處拘役或三千元以下罰金。無故以開拆以外之方法，窺視其內容者，亦同。

　　電子郵件屬於藉由電腦處理所顯示聲音、影像或符號，足以為表示其用意之證明者，依據刑法第 220 條規定，法律上擬制為文書。企業主無故以監控軟體，監看員工的電子郵件，符合刑法第 315 條以開拆以外之方法，窺視其內容者，適用本條規定。至於是否係「無故」，屬於企業有無權利監看員工的問題，等一下再加以討論。

其次是刑法第 315 條之 1 的規定：

有左列行為之一者，處三年以下有期徒刑、拘役或三萬元以下罰金：一、無故利用工具或設備窺視、竊聽他人非公開之活動、言論或談話者。二、無故以錄音、照相、錄影或電磁紀錄竊錄他人非公開之活動、言論或談話者。

本條法律規定當初的立法目的，主要是為了處罰針孔偷拍、徵信業者偷窺他人之行為等，然而就文義上的解釋，一般企業監控員工電腦網路使用狀況之軟體及儲存設備，當然屬於「工具」、「設備」或「電磁紀錄」的一種，至於員工在電腦網路所進行之各式行為，除電子郵件外，還包括視訊會議、影音欣賞、網路遊戲、聊天室聊天等活動與言論，這種私人性質的活動，當然不希望老闆發現，要不然可是會被炒魷魚的，所以可算是「非公開之活動、言論或談話」，即使是業務上之行為，但是部分內容也可能與業務無關，不願雇主隨意監看，因此可說是具有非公開性。

最後是通訊保障及監察法的規定。電子郵件或其他網路活動當然屬於「通訊」的範圍，適用通訊保障及監察法，以下分別介紹相關條文：

通訊保障及監察法第 19 條第 1 項規定：

違反本法或其他法律之規定監察他人通訊或洩漏、提供、使用監察通訊所得之資料者，負損害賠償責任。

第 24 條第 1 項規定：

違法監察他人通訊者，處五年以下有期徒刑。

故對於企業主監看員工之電子郵件與網路活動，自有前述條款之適用，企業主可能必須負擔民、刑事的責任。

◈ 企業如何才能合法監控員工呢？

前述法律規範主要係保護員工之隱私權，然而企業主為維護企業之經營，有必要監督員工之行為，怎樣才能夠將監控行為合法化，避免因員工提出告訴而負擔民、刑事責任呢？這個問題引發相當大的注意與討論，以下分別論述如次：

一、「無故」的問題

刑法第 315 條、315 條之 1 都必須具備「無故」才能成立，什麼是「無故」呢？大多數都認為應該解釋為「無正當理由」，故企業主無故監控員工的行為，當然就違法囉！例如企業的老闆心理不太正常，很喜歡監看員工的一舉一動，以滿足其心靈深處的變態需求，則其監看行為當然就是屬於無故，對其不法監看行為就必須負責。但是這種變態的情形畢竟屬於少見，多數的企業都有建立內部制度，為了企業的利益而採行一定的監控作為，應該可以認為有正當理由，而非「無故」；且公司與員工得以契約或工作規則，作為同意監看使用電腦網路設備情形之合法依據，亦可成為監看員工網路行為之理由，這時就難以構成刑法第 315 條、315 條之 1 的犯罪行為。

二、「他人」的問題

另外，法條中有關「他人」的部分，則牽涉到電子郵件及網路通訊所有權歸屬的問題，從雇主之立場觀之，透過該電子郵件系統所收發之電子郵件以及利用網路所為的任何行為，都應該屬於雇主所有，而非員工所有，因此從雇主的角度來看，所監看的並非「他人」的電子郵件，而是雇主的電子郵件，不該當本條條文之規定。然而，電子郵件系統雖然屬於雇主之財產，但是電子郵件內容則可能與公事有關，也可能與公事無關，例如公司的業務員與客戶洽談商品買賣之內容，或締約之條款，則與公事有關；但是業務員有時候必須與客戶建立關係，可能藉由電子郵件討論與公事無關之事務，如最近發生之趣事、遊玩的內容等，除非工作規則或僱傭契約中有特別聲明，否則信件的內容不應為屬於雇主之財產。因此雇主可否主張所監看的並非「他人」的電子郵件，仍應依據具體個案加以認定。

三、「同意」的問題

依據通訊保障及監察法第 29 條第 3 款規定，監察者為通訊之一方或已得通訊之一方事先同意，而非出於不法目的，監聽他人之通訊者，不罰。因此，企業主仍得依此規定，建立電子郵件政策，或於僱傭契約內，或另外訂定契約，約定雇主有權監看員工的電子郵件，取得員工同意後，雇主所為的企業監控就不會違反通訊保障及監察法，如此一來，才能降低未來發生勞資糾紛的可能性。

上班時偷看色情網站，會不會被炒魷魚？

基本上，老闆只要遵守一定的程序，監控員工的行為似乎並不會違反刑法、通訊保障及監察法的規定，但更進一步要探討的問題是老闆可不可以炒員工的魷魚呢？

首先，勞工要是有特定情形發生，老闆是可以不經預告，就終止與員工間的契約關係，這些特定情形有很多種，與本文所舉企業實例有關者，係指勞動基準法第 12 條第 1 項第 4、5 款的規定，其內容如下：

勞工有左列情形之一者，雇主得不經預告終止契約：

四、違反勞動契約或工作規則，情節重大者。

五、故意損耗機器、工具、原料、產品，或其他雇主所有物品，或故意洩漏雇主技術上、營業上之秘密，致雇主受有損害者。

勞動契約或工作規則，可能訂定的內容相當多，若觸犯其中的規定，而且情節重大者，老闆為了維護企業的正常經營，當然可以開除不守規矩的員工。此外，若是員工洩漏了雇主技術上、營業上的秘密，且造成雇主的損害，老闆也可以開除員工，但洩漏秘密必須是故意的行為，若是因為不小心的過失行為，則還不能將員工加以開除。

企業往往會將電子郵件或網路使用政策訂定在勞動契約或工

作規則中，因此員工要特別注意在使用電子郵件或網路時，有沒有違反勞動契約或工作規則。假如只是企業內部禁止在非休息時段瀏覽網頁，而員工卻在該時段瀏覽網頁，雖然違反相關規定，但似乎並沒有達到「情節重大」的程度；但假如不只是瀏覽網頁，還把公司的情形分享給其他競爭同業或記者友人，造成公司的負面報導，則可視為情節重大，但到底怎樣的情形屬於情節重大，勞動契約或工作規則中沒有詳細規定的話，則必須就個案加以認定。在臺灣勞工仍然處於弱勢，要與企業相抗衡，仍然有如螳臂擋車，惟權利是靠自己爭取的，也許未來法院會有令人矚目的判決，且讓我們拭目以待。

◇ 老闆該怎麼做？

本文實例所述之電子公司，不論是否在勞動契約或工作規則中有制定電子郵件之政策，亦不論該公司董事長的公開電子郵件遭到員工轉寄的行為，是否屬於「情節重大」，從該公司能迅速追查出洩漏信件的員工，可以推知應該有許多國內企業已確實建立一套管制內部通訊之制度，只是過去並未發生因電子郵件外洩而開除員工之事件，故並未被社會大眾所重視，但相信這一類事件將會愈來愈多。近來也有某知名電信公司發現十一名員工將公司內部文件以電子郵件轉寄給外人，而以「洩密」為由將該十一名員工解雇。這些事件雖然暫告平息，但若未能早日釐清勞資間之法律關係，恐怕會有更多的爭議發生。

因此，本文認為企業在制定電子郵件或網路使用政策時，應從健全勞資關係的角度出發，才能建構合情合理的制度。以下參考各國提出的制度，希望能提供較佳的制度供企業參考，本文建議如下：

一、首先要讓員工能夠輕易地了解公司政策，最好是在每次上網的登入畫面中，載明相關的注意事項，讓員工了解在公司上網會受到監控。而經由其他管道或定期的公告，也能適時地向員工說明相關事項。

二、明確訂定允許與禁止行為的範圍，對於違反禁止規定的行為，也要依情節輕重的程度加以處罰。

三、明確告知員工監控的內容範圍，以及有權存取監控內容的公司之層級。

四、與公司內部安全政策相結合，讓員工了解不當的網路行為對公司可能造成的影響，甚至可能涉及的法律責任。

五、監控的內容若涉及個人資料或其他私人事項，公司應確保資料的安全與機密，非經法律程序，不得將資料外洩。

六、公司內部應定期檢視相關規定，以避免因為科技的演進，造成規定無法迎合時代的潮流。

◈ 你還可以學更多

⊙楊清雄，〈轉寄公司調薪電郵，十一人遭解雇〉，《民生報》，民國 91 年 1 月 24 日，第 A2 版。

⊙ Workplace Privacy, (http://www.epic.org/privacy/workplace/).

⊙ American Management Association, (http://www.amanet.org).

4

隔著牆壁也要看到你

隱私權侵害指數：

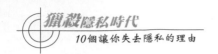

一個小故事：Kyllo 案

事實經過──警方未經法院允許，可不可以使用熱能顯像儀掃描民眾的家呢？

有一位販賣毒品者 Kyllo，認為毒品的利潤實在太好了，但是每次都要透過別人買貨，提高了不少成本，自己賺太少，所以打算在自己家種植大麻來販賣，也省得被別人從中抽一筆。於是 Kyllo 透過管道取得大麻的種子後，即開始著手種植大麻。大麻需要光源，才能順利生長，但是大麻屬於違禁品，不可能光明正大的在庭院種植，若是別人看到了那可不得了，因此 Kyllo 決定在室內種植，並且以高瓦數的日光燈泡取代太陽光。

正當 Kyllo 幻想著自己在家中種滿了大麻的情景，而每一株大麻都可以換取大把大把的美鈔時，不自覺地陶醉了起來。然而警方早已接獲線報，得知 Kyllo 在家中種植大麻，警方想販賣毒品已經很過分了，居然還幹起自己種大麻的勾當，所以打算向法院申請搜索票，進入 Kyllo 家中搜索，將他繩之以法。可是光憑第三人的線報，並無法讓法院同意開立搜索票執行搜索，警方左思右想，實在走投無路，最後終於想起上次局裡的科技單位介紹最新發展的「熱能顯像儀」，可以把某一間房子裡的熱源通通顯示出來，警方認為這應該是一條可行之路，於是就派人到 Kyllo 家門外，以熱能顯像儀將其房屋掃描一遍，果然發現 Kyllo 家中確

實存在有不尋常的熱源。警方於是以此證據向法院提出搜索的申請，法院也同意開立搜索票，最後在搜索的過程中，順利發現 Kyllo 種植大麻的不法罪證，偵查終結起訴。

◇ 法院見解──沒經過法院允許，不准亂掃描別人的家

雖然人贓俱獲，但 Kyllo 不想再去蹲苦窯，因此委託律師一直上訴到最高法院，其主張警方使用熱能顯像儀時，並未先取得法院之許可，就直接掃描他的家，侵入到其住所內的活動，明顯侵害其隱私權利，取得的熱顯像照片屬於違法取得。

警方則認為使用熱能顯像儀時，根本沒有進入 Kyllo 的家中，且顯像照片只有顯示散發至屋外的熱影像，和 X 光線不同，沒有穿過牆壁，因此不需要取得法院之許可，並未侵害 Kyllo 的隱私權，取得的熱顯像照片當然合法。

最高法院的法官也非常苦惱，使用熱能顯像儀到底算不算是「搜索」，經過不斷左思右想的結果，還是判決 Kyllo 勝訴。其理由為 Kyllo 的家屬於個人神聖的地方，存在其中的任何聲波、熱源等細節，都是不可侵犯的。雖然本案警方是在 Kyllo 家的外面裝設熱能顯像儀，但利用這個設備偵測別人身體及住家散發的熱度，就好像是在別人家外面，安裝一個「小老鼠」（竊聽器），偵測他人談話的聲波一樣，都是不被允許的。

什麼是熱能顯像儀？

所謂熱能顯像儀 (thermal imaging system)，類似攝影機，能將物體表面所散發的紅外線，以濃淡不同的顏色加以顯現，能透過類似攝錄影機或電視螢幕的方式，將所偵測到的影像顯示出來。物體的熱度越高，則顯現的影像亮度越高。熱能顯像儀的用途，原本是運用在軍事的用途方面，後來此技術慢慢移轉到民間的各類型事務上。以執法人員來說，能在夜間觀察犯罪者活動的情況，即使無法接近特定目標，也可以觀察目標內的活動情形；在企業界方面，可以提供工廠作熱診斷分析及工安監視；近來，世界各地發生 SARS 的疫情，熱能顯像儀廣泛裝置在機場、百貨公司、大樓出入口，能在極短的時間內測量每一位通關者的體溫，有效控制疫情的蔓延。

執法人員要怎麼樣才能合法使用熱能顯像儀呢？

Kyllo 與警方對於使用熱能顯像儀的程序，有不同的見解，差別如下：

警方的看法（不被法院接受）

使用熱能顯像儀 → 取得照片後，向法院申請搜索票 → 執行搜索

Kyllo 的看法 = 法院的見解

向法院申請搜索票 （多了這一個步驟）→

使用熱能顯像儀 → 取得照片後，向法院申請搜索票 → 執行搜索

　　美國對於執法機關行使公權力，若涉及到侵害人民基本權利的情形，必須遵守嚴格的法律程序。例如搜索民眾的住所，必須依法取得法院的搜索票；執行通訊監察（俗稱「監聽」）必須依法取得通訊監察書，而且通訊監察書比搜索票更難取得。反觀我國，搜索票也是由法院審核才能開立，但是通訊監察書則還是由檢察官負責開立，而不是由中立的法官負責審核開立，對於人民的保障當然較不完備，也意味著我國較為重視個人居住自由、財產權的保障，對於隱私權的維護則較為輕忽。

　　所以在美國的一般見解，為了保障民眾的權利，執法機關在使用熱能顯像儀這一類器材時，就好像已經進入民眾的私領域，因此必須要先取得法院許可，開立搜索票後才可以使用。等到證據蒐集齊全後，要進入涉嫌人的家中蒐集證據時，還必須要再申請一次搜索票，才可以把大麻等犯罪證物搬回去。雖然一共需要申請兩次的搜索票，對於執法人員好像比較麻煩，但是為了保衛人民的基本權利，避免執法人員藉此隨意地侵害民眾的權益，必要的法定程序要求是不可缺少的。況且，若法院認為不需要搜索票，使得狗仔隊紛紛跟進，把許多明星在家中洗澡、睡覺等生活作息的熱影像拿出來賣，你覺得可以嗎？

相關法律規定

◇ 我國憲法第 10 條「居住自由」

我國憲法第 10 條規定「人民有居住自由」。所謂居住自由，係指在居所或住所之自由，任何人皆有權享有一個安寧居住空間，非經其本人同意或必要的法定程序，國家公權力不可以無故侵入、搜索他人住所。人民在安寧居住空間內自由地發展其人格，而同時衍生出人民隱私權，此即英美法諺中「任何人之住所，對其而言即為自己之城堡」(Everyone's house is his own castle)。

憲法雖然明文保障人民的居住自由權利，然而除本人同意外，只要符合憲法第 23 條規定之要件與法律所訂定之程序，公權力仍得進入人民之住居所或營業場所。以搜索權為例，須要有法院核發的「搜索及扣押令狀」，即刑事訴訟法第 128 條第 1 項規定：「搜索，應用搜索票。」目前司法警察在聲請搜索票的過程中，須經由檢察官與法官核准，才能取得搜索票。相較於以往只需要檢察官核准，即可由檢察官開立搜索票，多加了一道程序，雖然較為繁瑣，但是對於民眾的權益也更有保障。

> **小小加油站**
>
> 「居住」之概念很廣泛，不僅包括日常生活家居之主屋與庭園，並及於露營用旅行車、車庫、旅館之房間、地下室等空間領域。惟住居所須屬於其個人所占有，至於當政府機關非法侵入時，該住居所是否有人在場，則非所問。

居住自由著重於保障人民空間上的隱私權，因此熱能顯像儀的使用是否違反居住自由，

小 小 加 油 站

憲法第 23 條：
以上各條（憲法第 7 至 18 條，第 21 條）
列舉之自由權利，除為防止妨礙他人自由、
避免緊急危難、維持社會秩序或增進公共
利益所必要者外，不得以法律限制之。

本書認為只有感應從屋內傳送到屋外的熱源，似乎並沒有侵入、搜索被偵測者之住居所，故尚無侵害居住自由之問題。

◇ 美國憲法第四修正案

美國憲法並未對隱私權有明文規定，但是美國向來認為「個人隱私」是自由的最基本的要件，是美國憲法增修條文第 4 條保護的憲法利益，更是其憲政體制的基礎。美國憲法增修條文第 4 條規定：「人民有保護其身體、住所、文件與財物不受不合理之搜索、拘捕與扣押之權利，並不得非法侵犯之。除有正當理由，經宣誓或宣言代誓，並詳載搜索之地點、拘捕之人或扣押之物外，不得開立搜索票、拘票或扣押狀。」

至於法院的見解方面，美國聯邦最高法院於 Katz v. United States 案中，改變過去在討論憲法第四修正案之適用，是以憲法保障領域（例如住家、電話亭）之有無侵犯為前提之觀點，改變為以人民受保護之隱私利益是否受到侵害為判斷標準，亦即第四修正案寓有保障隱私權的意旨。也就是說，美國已經從「住居之不可侵犯」發展至「隱私權保護」的趨勢。

◈ 我國憲法第 22 條「隱私權」

　　我國的憲法也沒有隱私權保障的明文規定，惟除憲法第 7 條
至第 18 條以及第 21 條的例示規定，保障人民之基本權利外，第
22 條並規定「凡人民之其他自由及權利，不妨害社會秩序公共利
益者，均受憲法之保障」。也就是說，除了前面各條條文所規定的
基本權利外，只要不妨害社會秩序與公共利益的人民其他自由與
權利，都應該受到憲法的保障。制訂憲法之初，未能將所有的人
權完全明訂於憲法中，基於個人尊嚴維護上之必要，人權的範圍
應該更寬，不以憲法上所列者為限。而隱私權能夠使人民對其所
欲保有之秘密，享有免受他人任意侵擾之自由，從而就特定之私
人領域，享有意思形成與意思活動之自由，並對個人之生活形成
保護膜，使其私人方面之活動更趨完整。如此重要之權利，自然
為憲法第 22 條所包括。司法院大法官會議釋字第 293 號解釋表
示：「銀行法第四十八條第二項規定『銀行對於顧客之存款、放款
或匯款等有關資料，除其他法律或中央主管機關另有規定者外，
應保守秘密』，旨在保障銀行之一般客戶財產上之秘密及防止客戶
與銀行往來資料之任意公開，以維護人民之隱私權。」明文肯定隱
私權的存在。

　　最後，還要再補充一個觀念，在體系方面，憲法第 10 條居住
自由權屬於隱私權之具體類型，憲法特地將之明文化，而隱私權
屬於上位概念，不屬於居住自由的隱私權，仍然可以適用憲法第
22 條所謂其他自由權利保護之範疇。前面有提到，熱能顯像儀並

沒有侵害民眾的居住自由權，但如同美國最高法院法官在 Kyllo 案的判決中所提到，家是個人神聖的地方，存在其中的任何談話內容、熱度的反應，都是不可侵犯的，不應該隨便讓別人偵測，因此除非有憲法第 23 條規定之情形，否則仍然可以適用憲法第 22 條的規定加以保障。

◇ 刑 法

依據刑法第 315 條之 1 規定：「有左列行為之一者，處三年以下有期徒刑、拘役或三萬元以下罰金：一、無故利用工具或設備窺視、竊聽他人非公開之活動、言論或談話者。二、無故以錄音、照相、錄影或電磁紀錄竊錄他人非公開之活動、言論或談話者。」Kyllo 案是使用熱能顯像儀設備窺視他人非公開的活動，即使只是顯示熱能影像，也屬於本條規範的範疇。

而條文中所謂「無故」，有學者解釋為無權者，有學者解釋為不法者，有解釋為無正當理由者，但是以無正當理由為通說。有無正當理由，不以法律有明文規定者為限，即習慣上、道德上許可而無背於公共秩序與善良風俗者，即屬正當理由。至於 Kyllo 案中，執法人員必須取得法院的授權，才可以使用熱能顯像儀設備，否則就算是違反刑法的行為。

◇ 民 法

民法第 184 條規定：「因故意或過失，不法侵害他人之權利者，負損害賠償責任。故意以背於善良風俗之方法，加損害於他人者

亦同。」隱私權當然屬於本條規定的範疇，故被害人得依據本條規定請求財產上的損害賠償。至於精神上的損害賠償（慰撫金），依據民法第 18 條的規定，人格權（包括隱私權）受到侵害時，以法律有特別規定者為限，得請求損害賠償或慰撫金。民國 88 年 4 月 21 日修正民法第 195 條：「不法侵害他人之身體、健康、名譽、自由、信用、隱私、貞操，或不法侵害其他人格法益而情節重大者，被害人雖非財產上之損害，亦得請求賠償相當之金額。其名譽被侵害者，並得請求回復名譽之適當處分。」明定「隱私」可以請求非財產上的損害賠償。

　　總結上述法律規定，可歸納如下表：

表 4-1：與熱能顯像儀有關的法律規定

法規類別	條　號	條　文　內　容
憲法	第 22 條	凡人民之其他自由及權利，不妨害社會秩序公共利益者，均受憲法之保障。
司法院大法官會議解釋	第 293 號	銀行法第四十八條第二項規定「銀行對於顧客之存款、放款或匯款等有關資料，除其他法律或中央主管機關另有規定者外，應保守秘密」，旨在保障銀行之一般客戶財產上之秘密及防止客戶與銀行往來資料之任意公開，以維護人民之隱私權。
刑法	第 315 條之1	有左列行為之一者，處三年以下有期徒刑、拘役或三萬元以下罰金： 一、無故利用工具或設備窺視、竊聽他人非公開之活動、言論或談話者。 二、無故以錄音、照相、錄影或電磁紀錄竊錄他人非公開之活動、言論或談話者。

民法	第 184 條	因故意或過失，不法侵害他人之權利者，負損害賠償責任。故意以背於善良風俗之方法，加損害於他人者亦同。
	第 195 條	不法侵害他人之身體、健康、名譽、自由、信用、隱私、貞操，或不法侵害其他人格法益而情節重大者，被害人雖非財產上之損害，亦得請求賠償相當之金額。其名譽被侵害者，並得請求回復名譽之適當處分。

 ## 你還可以學更多

⊙ Kyllo v. United States (99–8508) 190 F. 3d 1041.

⊙ FindLaw 法律網站對於 Kyllo 案的分析，(http://sol.lp.findlaw. com/2000/kyllo.html)。

⊙法治斌、董保城，《中華民國憲法》，民國 86 年 8 月修訂再版，第 153–154 頁。

⊙林富郎，〈通訊監察法制化之研究〉，《台灣台南地方法院八十九年度研究發展項目報告》，民國 89 年 9 月，第 12–13 頁。

⊙林山田，《刑法各罪論》，臺大法律系發行，民國 84 年 9 月初版，第 602 頁以下。

⊙美國憲法增修條文第 4 條（參照附件 A）。

5

收不完的垃圾郵件

隱私權侵害指數：

◈ 生活實況轉播

　　不知道你有沒有注意到這個嚴重的問題：只要一兩天沒有到電子郵件信箱收信，就會有很可怕的結果發生，因為電子信箱裡的郵件已經堆積如山，連結上電子郵件信箱時，就會看到信件傳送的對話框顯示目前正在傳送上百封的電子郵件，若你的家中仍舊使用撥接上網，那真的要恭喜你了！因為可能要等好一段時間，才能把所有的信件下載至電腦中。或許你還存有一絲絲的幻想，以為可能是許多工作上的同事、親朋好友記得你的生日，所以紛紛以電子郵件向你祝賀，但是等了好久好久的時間，一看才發現全部都是垃圾電子信件(Spam)，真是讓人難過。但是接下來的工作卻更讓人頭昏眼花，因為廣告信件固然可以直接砍掉，丟進垃圾桶中，但最怕的是將其中親朋好友捎來的問候，不小心一起刪

除了。如果誤刪的信件內容非常重要，牽涉到重要的通知、契約內容，或情人的呼喚，則恐怕將有不可想像的劫難發生。因此，可憐的你只好一封封的檢視，看看寄件者與信件標題是否認識，是否有印象。等到檢查完上百封的電子郵件，早就眼冒金星，痛不欲生。

在這個電話行銷、信件行銷及電子郵件行銷充斥的社會，你可以馬上把推銷的電話掛斷，或選擇跟對方閒扯，反正電話費不是你付；如果是傳統的廣告信件，你也可以直接丟入垃圾桶，或者是選擇看看現在有什麼商品，反正郵寄費用也不用你付。但是垃圾電子郵件就比較令人討厭了，因為它們不但數量龐大，需要花費時間瀏覽過濾，又會佔用電腦的使用空間，還要自己動手一一刪除；更重要的是，下載這些垃圾電子郵件所花費的連線費用必須要自己負擔，而且要是在刪除垃圾郵件時，不小心把重要資訊也刪除掉，那後果可是不堪設想。最糟糕的是，家中的小孩子所擁有的電子郵件信箱，也常會收到許多色情、詐騙、違法的廣告信件，讓家長每天都心驚膽跳，擔心小孩子的身心遭到污染。

全球軟體業龍頭老大微軟公司針對垃圾電子郵件的問題指出，目前全球電子郵件的傳輸量中，垃圾電子郵件就佔了超過一半，而且還以每年十倍的速度成長，目前估計全球每天的垃圾訊息超過三十億封，幾乎每一個使用網路的人士都曾經接過垃圾電子郵件，造成合法的企業每年損失超過九十億美元。我國的許多網站也身受其害，蕃薯藤估計目前垃圾電子郵件佔其所有郵件的數量高達六至七成，導致系統頻寬的浪費。

雖然目前市面上有一些反垃圾郵件的軟體，許多郵寄系統也提供使用者自行設定過濾的機制，不過一般人很少使用，因此業者為了解決這個頭痛的問題，無奈地只好耗費許多人力在處理這些垃圾電子郵件上。基本上業者若發現一封信是同時被送給許多人，就會將之列入「大宗郵件」中，但這種方法也常常會把擁有

廣大讀者的電子報以及有許多朋友的個人信件擋掉；且「道高一尺，魔高一丈」，許多不肖業者可以在短時間內利用亂碼的方式發送大量郵件，使得郵寄的主旨以及網路位址都不同，不會被歸類為「大宗郵件」，使得業者防不勝防。但是若要將每一封的信件內容加以比對，耗費的成本實在太高，目前許多業者都在謀求解決之道，除了尋求立法管制外，在技術方面，包括讓收信者選擇只接受來自自己通訊錄中送件者的郵件、真人互動校對 (Human Interactive Proofs)、機器自動學習、圖像過濾器、垃圾郵件管理組合等。

為了解決垃圾電子郵件的問題，全球已經耗費了大量的成本，對個人而言也造成嚴重的困擾，個人電子郵件資料也成為商品的一種，遭到不肖業者的任意販賣。這是一場垃圾電子郵件的戰爭，你我都不免參與其中，以下就讓我們更深入了解相關的問題！

為什麼別人知道你的電子郵件位址？

什麼是垃圾電子郵件？簡單來說，就是將一份內容相同的電子郵件，未經收信人許可，大量寄給很多人，郵件內容大多是廣告，由於短時間內寄發大量郵件，常常造成系統負擔過重，也導致收信人需花費金錢時間去收這些垃圾郵件。垃圾電子郵件又稱之為 "Spam"、"Unsolicited Commercial E-mail"（未經收信人許可的商業郵件）或 "Unsolicited Bulk E-mail"（未經收信人許可的大量郵件）。

到底你的電子郵件位址是怎麼流落到別人手中的呢？基本上有許多管道可以取得這些資料，介紹如下：

一、以利誘之

第一種管道，許多網站會提供各項服務，包括免費電子郵件信箱、社群網站、交友聊天、拍賣購物、相簿、電子報，要使用這些服務都必須填寫個人資料。比較注重個人隱私的網站，會經由事先同意的程序，才寄發廣告信件，但大部分的網站往往將這些資料視為資產或商品的一種，而擅自濫發廣告信件或將這些資料賣給其他的資料仲介者，根本無視個人隱私的存在。

二、利用特殊程式蒐集公開資料

第二種管道是垃圾郵件業者利用特殊程式在網路上大肆蒐集個人電子郵件位址，例如從新聞群組、BBS 等網路討論空間，蒐集張貼文章者的電子郵件位址。現在很多人有自己的網頁，會將個人聯絡資料公佈在網頁上，垃圾郵件業者可以從個人網頁的聯絡資料中蒐集之。

三、以特殊程式猜測

第三種管道則是垃圾郵件業者直接猜測帳號名稱的方式。一般電子郵件位址包括兩個部分，以筆者的電子郵件位址為例：clemens@ms8.hinet.net，clemens 是帳號，ms8.hinet.net 是郵件伺服器，只要把郵件伺服器列出，帳號的部分可以用字典猜測或亂數列出字串的方式取得。

四、透過仲介商購買

第四種管道則是向名單仲介商購買，網路上到處都可以買到

這種號稱擁有數千萬筆正確電子郵件位址的商品，許多垃圾郵件的內容就是販售電子郵件位址的名單，價格相當便宜，個人資料完全商品化，導致隱私權也便宜化。

 ## 誰是垃圾郵件的幫手？

科技日新月異，各種蒐集工具不斷推陳出新，不但大量的個人電子郵件位址為不肖業者所擁有，有的業者還將這些資料分門別類，可以依據不同的需求，篩選出特定的對象，包括國籍、性別、年齡等，並快速的發送出訊息；如國內某知名企業即代銷 Hi-Mailer 全球定位行銷軟體，號稱擁有一億五千萬筆的電子郵件資料庫，這個驚人的數量，也讓人為個人資料隱私權擔憂。不過更令人沮喪的事情，是軟體業龍頭微軟公司雖然積極發起反垃圾郵件的行動，卻也被部分組織抨擊微軟擅長作秀，因為包括微軟旗下的 bCentral 入口網站及 Hotmail 都是垃圾郵件的主要來源之一。筆者對此也有親身體驗，因為筆者所擁有的 Hotmail 信箱經常一下子就被垃圾郵件灌爆了。

寄送垃圾郵件違法嗎？

世界各國非常重視垃圾郵件帶來的災難，許多國家紛紛立法規範這種商業行為，美國布希總統於 2003 年 12 月 16 日簽署「禁止發送垃圾郵件法」(CAN–SPAM Act)，未來濫發垃圾電子郵件，

將可能面臨民、刑事責任。至於歐盟、南韓、加拿大、日本等國也針對垃圾郵件的問題，提出各項因應解決之道。

至於我國方面，目前 ISP 主要是透過網路自律公約的方式，約定業者與使用者無正當理由不得發送大量信件給其他用戶，如經發現將逕行砍信並取消所享有的權利，甚至直接過濾從特定 IP 或電子郵件伺服器所傳來的封包。但寄信人為了不被抓到，都會使用他人的或假的電子郵件信箱來寄發廣告信。

至於我國有無法律可以規範此種行為呢？92 年 6 月 25 日通過的刑法修正條文，增訂第三十六章「妨害電腦使用罪」（第 358 到 363 條），其中第 360 條有關無故干擾他人電腦或其相關設備的規定，勉強可以沾上一點邊，但恐怕仍然無法確實解決垃圾郵件的問題，而需要另定專法才可以解決。惟對於冒用他人的個人資料申請帳號，牽涉到刑法上的偽造文書（刑法第 210 條以下），而販售他人電子郵件位址，則可能涉及電腦處理個人資料保護法的問題，而必須負擔民、刑事責任。

 ## 如何保護自己？

不要以暴治暴

無論你對於垃圾郵件有多麼的不滿，請不要對寄件者施以暴力或不法的行為，否則恐怕還沒表達自己的不滿，就先觸犯法律了。例如以郵件炸彈回寄給垃圾郵件業者，可能寄件者根本是被

冒名使用，結果造成無辜第三者被你轟炸，垃圾郵件業者反而沒事，這種行為又觸犯刑法第 360 條無故干擾他人電腦設備罪，可處三年以下有期徒刑。

◈ 善用各種過濾設備

許多郵件軟體或 ISP 都有提供過濾垃圾郵件的服務，若覺得這些功能仍舊不足，還可以購買專門過濾垃圾郵件的軟體，讓你免除每天遭到轟炸的煩惱。

◈ 測試自己的伺服器或主機是否被人利用來亂寄廣告信

測試是否可被別人 relay 的網址：

⑴ GSN 測試站，http://spam.gsnmm.gov.tw/cgi-bin/relaytest.cgi

⑵ HiNet 測試站，http://spam.gsnmm.gov.tw/cgi-bin/relayhinet.cgi

若發現被人利用了，要如何解決這個問題？提供以下參考的方法：

⑴停止非必要執行獨立郵件伺服器的運作。

⑵執行系統時，設定成反垃圾郵件的功能。

⑶限制疑似垃圾郵件寄送的使用。

◈ 向有關單位反應

⑴辨別垃圾郵件，並保留垃圾郵件的原件。

⑵向相關單位反應。

將廣告信件原文（含標頭）寄至此信件所屬之網路服務單位。例如 Hinet (spam@ms1.hinet.net) 及 Seednet (antispam@eagle.seed.net.tw) 都有提供申訴信箱。

◈ 向廣告信件中的廠商抗議

垃圾郵件的寄發者通常不易找到，但是廣告信件中如果是合法廠商，則會留下網址、公司名稱、電話及地址等資料，這時候就可以結合大眾的力量，適度地反應不滿，讓這些廠商降低找垃圾郵件業者的意願，當無利可圖或民眾抗議力量夠大時，自然可以減少垃圾郵件的來源。

◈ IP 被國外組織列入黑名單的處理方式

⑴找出被哪個組織列入黑名單。許多無辜遭利用的第三人可能會莫名其妙地被列入黑名單，通常被列入黑名單時，會以電子郵件告知，若未收到通知，也可到 http://openrbl.org 查詢被誰列入黑名單。

⑵連結至被列入的國外組織網站，並依該組織的說明要求，將原先問題確實處理後，請該組織將 IP 從黑名單中移除。

◈ 支持反垃圾郵件組織及鼓勵立法措施

國際間有 CAUSE、JUNKBUSTERS 等許多反垃圾郵件組織，提供許多垃圾郵件的相關資訊，也藉由這些組織的努力，法律制

度與國際合作才能逐漸推行起來，因此參與這些組織，並了解這些組織的活動，將有助於垃圾郵件的管理。在國內，立法委員對於能提升自己媒體曝光率的議題相當有興趣，民眾若不滿垃圾郵件，可以委由立法委員在媒體上發聲，甚至於督促他們制定相關法案，管制國內垃圾郵件氾濫成災的情形。

如何合理地寄發電子郵件？

這個部分是專為垃圾郵件業者寫的，網路上的廣告行為已經是必然的趨勢，「不要在網路上濫發廣告」則是大家的共識，因此垃圾郵件業者應遵循一些行為準則與規範，區分怎樣的廣告行為是可以接受的，哪一種廣告方式是不被允許的，達到業者與消費者雙贏的結果，以下提出幾點建議以供參考。

採行選擇加入制度

所謂選擇加入的制度，原文為 "Opt-In"，係指消費者同意加入廣告郵件的名單，願意收到廣告信件，廣告業者才可以寄送電子郵件給這些名單中的消費者。例如 BaitHook.com、Infobeat.com、Postmasterdirect.com 等公司都是很好的例子，也都各自擁有數百萬的客戶。

尊重消費者的意願

許多廣告信件上都會載明，若不願收到類似信函，請點選特

定網址填寫資料，但許多不肖業者卻將消費者填寫的電子郵件位址，視為絕對正確的資料，而變本加厲地寄發廣告信件，這樣反而造成業者與消費者的對立狀態。因此，對於消費者的意願應該予以尊重。

◈ 不要亂槍打鳥

垃圾郵件的寄送往往採取亂槍打鳥的方式，不管消費者是否有這一類商品的需求，反正能寄的通通都寄，造成頻寬的浪費與消費者的困擾。在「客戶關係管理」的時代，應善用資料倉儲、資料探勘的技術，依據客戶不同的屬性、偏好、消費行為模式，來區隔不同的客戶族群，提供個別化的商品資訊，若非跨國性商品，也不要濫寄給別國的消費者。如此一來，不但更能有效達到銷售產品的目的，也不會浪費有限的頻寬與消費者的信賴。

◈ 慎選寄送時間

垃圾郵件的寄送應選擇較少人上網連線的時段，這樣對於網路頻寬所造成的影響可以降到最低。

◈ 公佈寄送的政策與申訴的管道

為了建立與消費者間的信賴關係，垃圾郵件業者應將蒐集、利用及處理電子郵件位址的政策，以及消費者應享有的權利、可否存取及修改資料庫中的資料內容等加以公佈，並提供消費者申訴的管道。

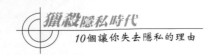
◈ 你還可以學更多

⊙〈微軟帶頭，反垃圾郵件〉，《中國時報》，民國 92 年 7 月 7
日，第 A5 版。

⊙〈反垃圾郵件，微軟應先自清?〉，CNET，(http://www.taiwan.
cnet.com/news/ec/story/0,2000022589,20076429,00.htm)。

⊙垃圾郵件處理常見問題集，(http://spam.gsnmm.gov.tw/)。

⊙ Fight Spam on the Internet! (http://spam.abuse.net/).

⊙ CAUSE, (http://www.cauce.org/).

⊙ Spam Laws, (http://www.spamlaws.com/).

⊙ JUNKBUSTERS, (http://www.junkbusters.com/).

⊙ SPAM−Unsolicited Commercial E−Mail, (http://www.epic.org/
privacy/junk−mail/spam).

6

恐怖時代來臨，
　　　我還能保有多少隱私？

　　這本書看到現在，你一定發現了原來很多生活上的小事件，都正在偷偷地侵害我們個人的隱私權，也了解到原來有這麼多的法律還是可以保護我們，只是沒有學過，不知道怎麼利用罷了。

　　但是看了這麼多，還是得休息一下，這一個部分就讓我們飛到美國，看看美國為對抗恐怖活動，造成實質生活上哪些重大的改變，這些改變對於個人的生活有哪些影響呢？

◈ 恐怖的九一一事件

　　西元 2001 年 9 月 11 日，相信大家仍然記憶猶新，恐怖分子劫持數架美國客機，分別撞向紐約世貿中心、華盛頓五角大廈等地，造成民眾嚴重傷亡，而連續兩架飛機撞向世貿中心，許多民眾無法等待救難人員的來臨，紛紛跳樓逃生，救難人員到達現場，緊急疏散所有人群後，大樓因為無法承受爆炸引發的高壓及高熱，一百多層的大樓遂告倒塌，造成包括救難人員在內上千人的傷亡，一直到現在，因為災難現場過於殘破，許多人的屍體仍舊無法尋獲。這一幕幕的景象讓人怵目驚心，也讓人了解恐怖時代的來臨將嚴重威脅你我的生活。

　　九一一恐怖攻擊事件發生後，隔年 10 月 11 日在印尼峇里島以外國人聚集為主的夜總會，也連續發生二起恐怖分子進行的炸

彈攻擊事件，造成多人傷亡，顯見這一場恐怖戰爭不再只是美國的事情，而是所有國家都可能遭遇到的一場戰爭。

美國為打擊恐怖主義，避免國家受到恐怖分子及生化武器的威脅，遂於 2003 年 3 月 20 日與英國共同向伊拉克開戰，差不多只花了一個月的時間，就迅速控制住伊拉克整個國家，雖然目前仍然持續協助伊國建立民主社會，但駐守在伊國的部隊仍然不時受到恐怖活動的侵擾，造成軍人與當地警方嚴重傷亡。

不過，美國攻打伊拉克的舉動，也引發國際間的反彈，而美國一直無法在伊拉克境內找到生化武器的蹤跡，也使這場戰爭的正當性受到質疑。但當初極力反對的俄羅斯，近來在首都莫斯科附近一場近四萬人的搖滾演唱會中，也連續發生自殺式炸彈攻擊事件，初步研判應該也是恐怖分子一手造成，似乎被當作攻擊目標的不再限於歐美等所謂的西方國家，連過去的鐵幕國家、東南亞世界通通無法倖免於難。

我國信奉回教的人士較少，與中東往來較不頻繁，但是這並不代表我國就不會成為恐怖攻擊的目標。大家應該記憶猶新，我國在攻打伊拉克的問題上，採取極力挺美的態度，也被中東地區視為明顯與美國站在同一陣線的國家。當然對的事情一定要堅持，但是在國家體制上，也必需要建立打擊恐怖主義的體制，維護人民的安全；然而以目前法制來看，為避免侵害民眾權利，往往過度限制執法機關的權限，而破壞其應有的維護社會秩序及國家安全的能力。政府在這一方面應該好好加把勁，如儘速通過反恐怖行動法，或建立專責反恐業務的跨部會單位，而非只會隨著新聞媒體起舞，真正

維護民眾權利的措施，卻一項都沒有好好地執行。

美國的因應對策

美國向來被認為是個重視民權的國家，過去即使有許多恐怖活動的發生，仍然沒有改變其追求民主自由的基本制度；但在九一一事件發生後，因為死傷過重，全國同仇敵愾，政策上大幅度的轉彎，在極短的時間內就通過許多法案，成立許多部門。茲將美國影響到隱私權利的因應對策，讓歹徒無所遁逃的規定說明如下：

對策1： 通過愛國者法

愛國者法 (USA Patriot Act) 在九一一事件發生後隔月 25 日立即通過，總共有十個章節，其中許多規定限縮隱私權的行使，分別介紹如下：

一、資訊分享限制之放寬

放寬美國執法機關與情報機構等各機關間，有關恐怖分子資訊或涉及外國情報資訊分享之限制。例如對於在大陪審團審訊過程中，或是依法監聽所得的資訊，原本不許外洩，但如今也可以與其他聯邦執法人員、情報、保護、移民、國防或國家安全官員分享。本法規定主要是因為資料的整合與充分利用非常重要，可以利用資料倉儲、資料探勘等新興科技，全面打擊恐怖分子；例如將通訊監察之內容分享給移民官員，係為了防止恐怖分子偷渡

越境進入美國領土內，若取得任何事證，即可立即提供給相關人員，以採取適當之因應對策，達到各機關能充分將資料彙整利用之目的。

二、電腦侵入通訊的截取

什麼是「電腦侵入者」？駭客入侵是最明顯的例子。駭客侵入電腦後，再偷偷植入程式，破壞或竊取網站內資料，往往造成政府機關、網路業者與個人網站等難以估計之損害。過去對駭客這種即時性的網路侵入行為，仍然必須經過冗長的聲請程序才可以加以監控調查，往往緩不濟急，造成無法有效打擊犯罪的結果。此次修法後，電腦侵入者將不再享有「合理隱私權期待」，且執法機關只要獲得電腦網路所有者或管理者的授權，就可以立即截取此種非法通訊行為，有效打擊犯罪。但是此種網路監看缺乏司法機關之監督，事後也無任何監督機制可供查核，易生弊端。

三、Pen Register 或 Trap And Trace 裝置規定的修正

美國現行法律對於法院授權監聽與 Pen Register 或 Trap And Trace 裝置之使用，原則上僅限於法院管轄範圍內始可為之，若超出法院管轄之範圍，則須向其他法院聲請之，例如在紐約州發生的犯罪，原則上要

◎ 小 小 加 油 站 ◎

Pen Register 或 Trap And Trace 裝置的定義：

以前只是為了解讀打進與打出的電話號碼，我國有稱之為「兩用解碼器」。修正後將可研發新的 Pen Register 或 Trap And Trace 裝置，可擴大適用於網路，包括電子郵件、網路瀏覽 (Web surfing) 與其他型態之電子通訊，有助於未來通訊監察過程中，解讀受監察人網路通訊中有關撥號內容、連結路徑、位置等基礎資料。

向紐約州法院申請。但修正後，任何一個法院都能開立適用於全國的授權命令，使執法機關在犯罪調查上更具有機動性。但是這種規定將導致司法審查制度形同虛設，因為執法機關只要尋求容易配合的法院，要求開具相關授權命令，即可達到通訊監察之目的，使得司法審查徒具形式上的意義。另外，Pen Register 或 Trap And Trace 裝置的定義也大幅度放寬，不再僅限於電話號碼，而擴大至除了通訊內容外，所有有關於撥號、路徑、地址或訊號等的資訊。

四、擴張調閱電子通訊紀錄的範圍

原本法律規定調閱電子通訊紀錄之內容，僅限於「姓名、地址、市區短途與長途電話帳單紀錄、電話號碼、其他用戶號碼身分、服務型態期間等資料」，修正後擴增為：(A)姓名；(B)地址；(C)市區短途與長途電話連結紀錄，或談話時間之紀錄；(D)服務期間（包括開始時間）與服務的型態；(E)電話或設備的號碼，或其他訂閱者號碼或可資認證資料，包括任何臨時分配的網路位置；(F)此類服務付款之方式與來源（包括任何信用卡或銀行帳號）。未來將可以獲得更為廣泛的資料，不再只限於電話號碼與申登資料，還包括網路連線的資料，臨時分配的網路位址，以及信用卡或銀行帳號等付款方式，將可增加得知犯罪者金融帳戶的管道，也可以再依據金融帳戶資料，調閱出更多之使用者資料，以利反恐怖之偵查作為。

五、特定商業資料的調閱

聯邦調查局局長或其代理人得向法院聲請授權命令，調閱書

籍、紀錄、文章等各種型態的資料或其他項目，以利蒐集外國情報資訊或為有關國際恐怖活動或秘密情報活動之調查。但不得對於美國人民進行調查。

六、電信業者的緊急揭露權

在緊急狀況之揭露，電信業者為維護其自身系統的安全，必須對於通訊服務加以監看，只要合理地相信電子通訊內容涉及任何危及生命身體的緊急情況時，就可以將客戶的通訊資料提供給執法機關，以防止類似美國九一一恐怖攻擊事件之情形再度發生。

七、對非美國居民的拘留權

允許美國聯邦政府無庸提出任何指控，即可對非美國居民為最高七天之拘留，但此一政府對人民的拘留權，並不可以對美國居民行使之。

八、增加移民與邊界之管制

增加美國北部邊界巡守員、關稅服務檢查員與移民歸化檢查員三倍之人力，並提供高額的補助大幅改善美國與加拿大邊界之檢查技術與設備。

九、打擊洗錢不法行為

藉由資金流動紀錄之保持、特定交易之報告及帳戶持有人之身分認證，以擴張目前打擊洗錢之機制。我國洗錢防制法最近也修正通過，規定金融機構對於達到一定額度的大筆交易必須向指定機關申報。

十、增加監聽罪名的範圍

增加有關化學武器之犯罪行為，以及特定型態的恐怖活動，

都可以聲請通訊監察，另外原本可以監聽的郵件詐欺犯罪，增修為「電腦詐欺與濫用」。

十一、增加語音電子郵件之扣押

有關於取得犯罪活動的通訊紀錄，原本僅限於電子通訊紀錄，愛國者法因應科技的演進，語音電子郵件普遍化，規定此類電子郵件也可加以扣押。

十二、機動性監聽

什麼是機動性監聽，光看字面上的意義實在很難令人理解，簡單來說，過去監聽標的是「特定的線路」，但是犯罪者通訊的方式並不限於單一的線路，也可能隨時變更通訊的管道，例如從圖書館連上網路，又馬上改為透過網路咖啡店上網，而為了要鎖定當事人通訊的線路，必須不斷向有權核發通訊監察書的機關申請許可後，才可能繼續進行通訊監察，但往往申請的速度趕不上犯罪者變更的速度；而機動性監聽就是將監聽標的從「特定的線路」改為「特定的人」，不管犯罪者如何變更通訊的管道，只要是這個犯罪者所使用的通訊方式，執法機關都有權監聽，如此一來有助於監聽機動力的提升。

十三、秘密搜索之授權

法律對於搜索之要求，原本規範必須依據搜索令狀進行搜索行為，同時並為搜索之通知，且僅對於少數狀況得延後通知 (delayed notification)，例如在秘密通訊監察之情況下，得在通訊監察結束後再行通知當事人。但修正後，對於所有搜索行為皆得以延後通知，且只要是對於違反美國法律之犯罪行為證據皆可為之，

不限於恐怖活動之調查。此一修正將嚴重偏離憲法第四修正案所加諸於民眾之保護，且將導致執法機關濫用此一權利，使得人民無法得知其權利遭到執法機關侵害之情形，並於適當時機提出異議。

◇ 對策 2： 通過國土安全法

美國愛國者法通過施行後，隔年（2002 年）又通過國土安全法 (Homeland Security Act)，主要內容包括第一章成立國土安全部，第二章資訊分析與架構保護，第三章化學、生物、輻射及核能的對策，第四章邊界與運輸的安全，第五章緊急戰備與反應機制，第六章管理，第七章與非聯邦單位的協調、監察委員的設置、美國情報工作與一般條款，第八章過渡時期，第九章遵循的規定與技術修正。

其中比較值得一提的是第二章第 203 條資訊存取 (Access to information) 的部分，本條條文授權國土安全部的部長有權在為了實踐資訊分析與架構保護任務的目的時，從各政府單位與部門取得情報或其他資訊。這些資訊包括三種類別，其一為涉及威脅國家安全部負責領域內恐怖活動相關的報告、評估與分析的資訊，並不包括原始或未經處理的資訊，例如談話的錄音或文字紀錄；其二為恐怖主義可能涉及的美國基礎建設或其他弱點的資訊，可能包括原始資料；其三為除了恐怖主義可能涉及的美國基礎建設或其他弱點資訊以外的原始資料。

◇ 對策3: 實際運作的科技

一、恐怖活動資訊察覺系統

「恐怖主義資訊察覺系統」(Terrorism Information Awareness System) 原名「完整資訊察覺系統」(Total Information Awareness System)，但因為系統功能過於敏感，讓民眾認為政府機關這個「老大哥」(Big Brother) 任何資料都要蒐集，所以才改名與恐怖主義有關，以避免落人口實；但無論實際名稱為何，簡稱都是 TIA。

什麼是 TIA?簡單來說就是將政府與民間現有的資料庫整合，包括金融、教育、旅遊、醫療、入境、運輸、關鍵資源、通訊等政府與民間各型態的紀錄，透過資料探勘、樣式評估等新興資訊科技，將民眾的資料進行分析，發掘資料彼此間的關聯性。TIA 的目標係大幅度提昇目前偵測、分類與識別恐怖分子的能力，使政府能機先發覺恐怖活動。下頁圖 6-1 即為美國國防部對於本系統的概略介紹（資料來源: DARPA 網站）。

TIA 比較重要的技術包括「資料搜尋與行為模組判別技術」、「先進合作與決策支援工具」兩個部分。在資料搜尋與行為模組判別技術方面，最初概念為恐怖分子要執行攻擊行動時，都會從事特定的行為，例如申請護照（簽證、工作許可證）、租用汽車、購買飛機票、報考汽車（飛機）駕照等，而這些特定行為都應有一套類似模式存在，可以預先將過去恐怖攻擊事件的攻擊模式，包括從預先計畫、購買材料、製造、運送、開始攻擊等流程，都存入資料庫，並且建立不同的行為模組樣式，作為分析參考的依

據；在先進合作科技與群體支援系統方面，使各單位間藉由資訊科技的支援，提供一個共享與共同討論的環境，透過彼此間便利的通訊、合作與協調，群策群力達成工作目標。

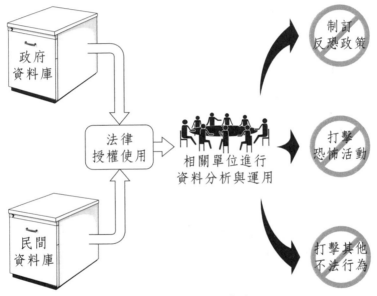

圖 6–1：TIA 運作圖

因此，TIA 建立後，民眾以信用卡購買的每一件商品、訂閱的每一份雜誌、醫生開立的任何處方、瀏覽的每一個網站、寄收的每一封電子郵件、就讀的每一所學校、銀行開立的任何帳戶、每一個旅遊行程，所有的交易資訊與通訊內容，都會在政府的監控分析之下。

TIA 的法律依據主要是國土安全法第二章有關資訊分析與架構保護的第 201、203 條之規定，其中第 201 條規定國土安全局局長應接收與分析執法機關資訊、情報資料等，以瞭解恐怖主義威脅美國本土之本質與範圍，及偵測與發現美國境內潛在的恐怖主義威脅；第 203 條有關存取資料之規定，授與國家安全局局長從美國相關部門與機關取得情報或其他資訊之權力。但是也有人認為國土安全法並沒有明確授權開發 TIA 系統，遂引發各界撻伐之聲，國會議員也不斷要求立法修正或禁止系統之發展。

二、航空安全與隱私

九一一恐怖攻擊事件中，恐怖分子採取的手段主要是劫持飛機直接撞擊五角大廈、世貿中心等重要地標，因此飛航安全顯得相當重要，在此事件後，美國也採取許多手段改進安全措施，例如加強爆裂物的安檢工作、強化機長室大門、增設飛機安全官，這些措施都能有效改善飛航的安全，且並不會嚴重侵害顧客的隱私權。

然而，在九一一事件前，飛航安全就已經是美國重視的議題，當時提出許多建議，有部分措施會侵害顧客的隱私權，例如美國政府允許航空業者採用旅客預先辨識電腦輔助系統（Computer Assisted Passenger Pre-screening System，簡稱 CAPPS），從客戶的相關資料中，判別客戶是否會危及其他乘客。除了此系統外，甚至於有建議認為應採用生物科技辨識技術，建立可信賴客戶(trusted travelers) 資料，並採用資料探勘的技術，分析信用紀錄、犯罪紀錄與旅遊紀錄等旅客資料。NASA 也提出在進出閘道口安

裝非侵入性神經電子感應器 (non-invasive neuro-electric sensors)
或大腦掃描的設備，判定民眾是否有可疑的思想。

前述的 CAPPS 也已經發展到 CAPPS–II，並有航空公司開始
參與此計畫，CAPPS–II 更廣泛地運用各種資料庫，以分析旅客的
個人資料，建立客戶個人的屬性，例如依據危險程度將客戶分類
成不同等級，達到一定危險程度者列為拒絕搭乘的觀察名單 (No
-Fly watchlist)。但此系統的推行仍有許多問題存在，例如 CAPP-
S–II 所依據的資料庫內容錯誤率如何？是否會影響分析判斷的結
果？可否請求修改資料？必須具備何種特定目的才可存取資料庫？
哪些資料是在蒐集的範圍內？都是必須解決的問題，而非扣上一
頂安全的大帽子，就可以為所欲為。

三、臉部辨識

西元 2001 年美國坦帕市政府為了維護足球超級盃的會場安
全，率先採用面部辨識系統，將所取得的面部畫面與犯罪資料庫
中的電子檔相比較，以預先防範危及安全事件之發生。隨後，坦
帕市政府又將此系統運用在以夜生活為主的區域內，民眾認為已
經嚴重侵犯隱私權，曾以戴面具、比中指的方式加以抗議。同年，
維吉尼亞州的司法部門同意撥款安裝面部辨識設備，以逮捕犯罪
嫌疑人及尋找失蹤兒童。九一一恐怖攻擊事件後，此設備更引發
熱烈的討論與應用。

華盛頓 D.C. 也安裝了十六具 CCTV 監控攝影機，當地居民、
旅客、示威者等都會在此系統的掌控中，部分設備還可以三百六
十度轉動、放大至十七倍及鎖定特定的目標。此系統的目的主要

是為了保護該區免於遭受恐怖攻擊事件，但是否能有效防止恐怖活動，卻受到各界的質疑，反而認為安裝此一系統有侵犯民眾生活隱私的問題。類似設備在英國地區更是普遍應用，為了反制恐怖主義，英國政府在國內安裝超過一百五十萬具的類似設備，平均每人一天約被相關設備拍攝超過三百次，但截至目前為止，卻沒有炸彈客因為此一系統的安裝而被抓到。

我國反恐怖立法的方向

以上列舉了許多國外為了達成反恐目標所建置的系統，不論結論是否有效，也不論是否侵犯隱私權，充分利用科技確實是一個政府應盡的責任。我國政治動向比較傾向英美國家，對於反恐的態度更是不容質疑，雖然在社會環境上，臺灣比較少中東人士以及回教徒，但並不代表國家安全不會發生問題，「料敵從寬」的概念不容任何人質疑。九一一恐怖攻擊事件發生後，聯合國於同年 9 月 28 日安全理事會第四三八五次會議通過第一三七三號決議，呼籲各國緊急合作，防制及制止恐怖主義行為，為了能夠將參與恐怖活動者繩之以法，各國應在國內法中明確規定恐怖行動為嚴重犯罪，加強情報合作，並在行政和司法事項上合作，更鼓勵各國通過雙邊或多邊協議，共同合作制止恐怖主義行動。我國目前雖非聯合國會員國，但對於共同維護國際和平之努力向來不遺餘力，身為地球村之一分子，尤不能置身於世界反恐行動之外，自應積極配合儘早制定反恐怖法，與世界各國建立反恐合作關係，

切莫等到發生恐怖攻擊事件後，才草草制定相關法令。而愈早提出相關法案，也能愈早讓大眾檢視此一法案對於民眾權利的侵害，並深入探討如何在國家安全與民眾權益間取得適當的平衡。

以下提出我國若要制定反恐怖法所應採取方向之建議：

一、 情報資訊的交換

美國發生九一一事件後，經檢討情報未能有效統合為其中關鍵因素，而依據我國「國家安全局組織法」第 2 條及第 17 條之規定，國家安全局負有統合國家安全情報之責，故反恐行動有關情資，應由國家安全局負責統合、研判並提供給反恐怖行動小組、情治機關及相關權責單位。

為避免恐怖行動危害國家及全體人民生命財產安全，是除情治機關應有主動蒐集資料報送國家安全局之義務外，行政、立法、司法、考試、監察各級政府機關如業務上獲悉恐怖行動情報資料，亦應即時主動報送國家安全局，不受其他法律有關保密規定之限制，例如外交部蒐獲國際恐怖組織資訊，衛生署、環保署、原子能委員會發現特殊病毒或異常疫病、生化毒劑、核能事故等與恐怖組織有關之異常徵候，檢察官、法官於案件偵審中、海關於海關檢查中發現恐怖行動情資，均應報送國家安全局綜合研整，以利情報統合研判及研擬對策，有效防制恐怖行動。

二、 恐怖活動通訊監察的放寬

反恐怖行動，事先預防重於事後制裁，通訊監察為必要手段，有必要放寬恐怖活動通訊監察之要件，以強化打擊恐怖主義的機動力。然放寬要件並不是代表排除其他權力機關的監督，通訊監

察對象若涉及本國人民者，應由法院加以審核。換言之，一方面放寬通訊監察的限制時，另一方面就應該加強通訊監察行為的審核與監控，不應該由屬於行政體系的檢察機關審核，而應由第三中立機關審查。

三、通訊監察的貫徹執行

目前通訊監察的行為，由於主管機關的怠惰，以及通訊科技的不斷演進，導致許多新興通訊行為無法進行通訊監察，空有法令的規範，卻無法實際上進行通訊監察，造成犯罪調查的嚴重漏洞。另外，網路通聯紀錄的留存，礙於業者成本考量，往往無法保存至一定的期限，造成案件偵辦的瓶頸，無法順利找到不法的源頭，這些漏洞必須要加以填補，否則一味地修訂更嚴格的法律，卻置現有的缺失於不顧，才是侵害人民權利最不負責的作為。

四、新科技的充分運用

前面提到美國運用許多新興的科技，但其透明化的施行制度，卻讓社會各界有充分的討論空間，提出許多保護民眾的對策。反觀我國，名為保護人民基本權利，而大幅度地限制執法機關的偵查作為，使許多新科技無法充分運用，例如通訊保障及監察法第 13 條第 1 項但書規定：「……但不得於私人住宅裝置竊聽器、錄影設備或其他監察器材。」這種規範只會有利於犯罪行為，進而侵犯人民安全生活的空間，然後立法機關又制定更嚴格的法律，另行限制人民的權利，疊床架屋的結果，造成法律體系適用的紊亂，人民權利反而受到更大的限制。因此，只有了解要對人民進行更大的限制，就應該有更強大的監督行為介入，方可避免行政體系

的濫權，才真正能兼顧人民安全與基本權利的保障。

 ## 你還可以學更多

⊙ Analysis for the Homeland Security Act of 2002, (http://www. whitehouse.gov/deptofhomeland/analysis/).

⊙ Total Information Awareness (TIA) System, (http://www.darpa. mil/iao/TIASystems.htm).

⊙ Video Surveillance, (http://www.epic.org/privacy/surveillance/).

⊙ Observing Surveillance, (http://www.observingsurveillance.org/).

⊙ Analysis of Provisions of the Proposed Anti-Terrorism Act of 2001, (http://www.epic.org/privacy/terrorism/ata_analysis.html).

⊙ The USA PATRIOT Act, (http://www.epic.org/privacy/terrorism /usapatriot/).

7

你知道你家被偷拍了嗎？

隱私權侵害指數：

⬡ 生活實況轉播

　　小憲就讀於某大學的建築與城鄉研究所，對於臺灣各地的建築特性與歷史發展有特別的研究，撰寫的論文是有關臺灣巴洛克式建築的發展與現況，因此必須要親自探訪臺灣各地的建築物；可是由於不確定某地的建築是否屬於所要研究的建築物範圍，要是並非屬於研究的範圍，那不是白走了一遭？經濟不景氣，旅費可沒有那麼多，要是能夠先看到建築物的景象那該有多好啊！

　　小憲左思右想，不知道該怎麼辦，打電話問住在建築物附近的同學嗎？還是到圖書館看看旅遊書籍？或者是有什麼更快的方法呢？

　　這時研究所的同學瑄瑄跑過來，拍了拍小憲的肩膀說：「你在幹什麼？魂不守舍的。」

　　小憲回答：「論文寫不出來啊。」

　　瑄瑄得知原委後，笑著說：「沒有問題，包在我身上，只要到一個神秘的網站，你的問題通通可以解決了，而且全臺灣的建築物都可以看到喔。」

　　小憲急忙問道：「什麼網站這麼神奇？快告訴我吧！」

⬡ 什麼網站這麼神奇呢？

　　前一陣子，網路上流傳這樣一個可怕的網址，只要在網址的

後面加上地址，就可以看到該地址所在建築物的照片。

　　其實這只是某房屋仲介網站的網址，連結至該公司名為「不動產影像輔助系統」的資料庫，此套系統於90年9月完成，經由此仲介業者派員到全省各地拍攝建築物的外觀，再將拍攝的照片存在資料庫中，地址就是每筆資料的索引，只要鍵入地址，就可以看到該地址外觀的照片。該網站希望能將全省所有建築物外觀的照片，都放入自己的資料庫中，目前除臺北市建物建檔率已達99%，臺北縣建檔率已達95%外，包括高雄縣市、臺中縣市及全省各地，也正積極建置資料中。除了這一家房屋仲介業者，「台灣電子地圖服務網」(http://www.map.com.tw)也有與之合作，建置類似功能，稱之為「實境虛擬」，只要填寫資料加入會員，在「實境虛擬」的網頁中輸入詳細的地址，就可以查詢該地址的實景照片。

拍攝建築物的外觀有何用途？

　　科技發展迅速，將資料庫整合可發揮加乘的功效，而擁有資料庫，才能不被時代潮流所淹沒，執法機關必須建立完整的犯罪資料庫，金融控股公司必須具備詳實的客戶資料庫，各種資料庫應運而生。以本文介紹的系統為例，可以結合房屋仲介業者，將附近學校、公園、商圈、市場等環境影像資料相結合，做成完整的房地產報告，也是最佳的房屋行銷媒體。對於銀行貸款的鑑價工作來說，在傳統的作業模式中，必須藉由銀行業務員實地至房屋所在位置進行鑑價工作，透過此系統可先行評估，減少舟車勞

頓之苦。對於政府機關而言，可以判斷房屋是否有增建、違建的不法情事存在，警方也可以瞭解犯罪現場的概略狀況。此外，本系統還可以與電子地圖、衛星定位系統相結合，讓原本平面的地圖或衛星指引系統，能立體呈現行進方向，相信這將是一種時代的趨勢。

敢再拍我家，就到法院告你？

有人認為將他人住家、建築物外觀實景拍攝下來的行為，好比是電影《全民公敵》的現實版，隱私權將因而遭到嚴重的侵害。從業者的立場來看，雖然該公司工讀生在大街小巷拍攝時，常常遇到鄰里長查詢或民眾抗議質疑，因此該公司在許多地方的派出所都有備案，也常常接到派出所的查詢電話，但是一般建築物的外觀就如同道路風景，第三者拍攝應不涉及侵犯隱私權問題。

但這是業者單方面的說法，從民眾的觀點來看，有些人無所謂，認為隨便你拍吧；有些人則會很氣憤，認為只要這些業者敢再拍照或把照片放在網路上供人查詢，一定要到法院提出告訴。民眾要提出告訴，必須業者的這種作為違反法律，這種行為是否違反民法、刑法、電腦處理個人資料保護法等相關法律，本文將在此一一檢視，進行深入的探討。

電腦處理個人資料保護法 —— 個人資料？

顧名思義，「電腦處理個人資料保護法」（簡稱個資法）就是

如何在電腦處理個人資料的過程中，保護個人的資訊隱私不會受到侵害，因此保護的客體是個人資料。至於住家或建築物的外觀影像，屬不屬於個人資料的範疇，必須先看什麼是「個人資料」，其定義規定在個資法第 3 條第 1 款，內容如下：

個人資料：指自然人之姓名、出生年月日、身分證統一編號、特徵、指紋、婚姻、家庭、教育、職業、健康、病歷、財務情況、社會活動及其他足資識別該個人之資料。

因此，單從住家或建築物外觀的影像，並沒有辦法與個人產生特定的連結關係，換言之，並不會因為看到照片，就知道照片中建築物的所有權人或居住人的身分，只能從這張照片，得知所在地址而已。除非在資料庫中還有其他「足資識別個人之資料」，且與照片相互間建立連結關係，否則單純住家或建築物外觀的影像，並非個資法上所稱的個人資料。

但是，若此照片資料庫與其他資料庫相結合，無論是與法拍屋的資料整合，或提供銀行進行鑑價工作之用，甚至於提供政府機關與犯罪、地政、戶政等資料庫相結合，就不再只是單一資料庫的問題，而可以與特定個人建立連結關係，則仍有個資法適用的餘地。例如犯罪資料庫中，鍵入個人資料後，即可顯示出個人基本資料、前科、退票紀錄，以及住家照片，則類似此種情形，就必須受到個資法的規範，違法蒐集、利用個人資料者，依個資法第 27 條以下負民、刑事及行政責任。

◈ 民法 —— 外觀照片屬於隱私權保護的範圍嗎？

　　住家、建築物外觀是不是屬於個人隱私權？若屬於隱私權，則受到不當侵害的時候，自然可以分別依據民法第 184、195 條請求財產及非財產（精神上）的損害賠償。

　　我國並未針對隱私權作明確的定義，但依據通訊保障及監察法第 3 條第 2 項係採取合理隱私權期待原則，條文內容如下：

　　　　前項所稱之通訊，以有事實足認受監察人對其通訊內容有隱私或私密之合理期待者為限。

　　所謂合理隱私權期待原則，係指人民主觀上具有隱私權之期待，且客觀上社會認為其期待為合理。此原則起源於美國 Katz 案，該案內容主要是 FBI 在並未取得通訊監察書的情形下，於當事人常常使用的公用電話亭裝置竊聽器，雖然並沒有實體侵入電話亭，但是當一個人進入公用電話亭，就是把電話亭當作臨時的私人場所，不希望任何人聽到談話的內容，主觀上期待其談話內容不會被偷聽，而一般社會上也認為這種期待是合理的，因此當事人對於其通訊內容有隱私權之合理期待，FBI 所取得的證據應予排除。

　　所以住宅或建築物的外觀可否主張隱私權，從合理隱私權期待原則加以分析，就算當事人主觀上認為應該享有隱私權，但是客觀上一般民眾認為外觀任何人都可以看到，與外界沒有任何的阻隔設施，就像風景一樣；也好比執法人員跟監車輛，有必要時會將車子的外觀拍下，因為車子的外觀是公開的，不會涉及到侵

害隱私權的問題。住宅或建築物的外觀也是公開的，因此客觀上無法認為當事人享有隱私權的合理期待，故被業者拍照，並不能主張隱私權遭到侵害。

◈ 民法 —— 外觀照片算不算是肖像權？

肖像權是民法第 18 條所規定的人格權的一種,是指自然人對於自己人像加以使用之控制權利，始於出生，終於死亡。一般人當然很容易主張未經其同意不得利用其肖像，所以電視節目在街上任意攝影後，須經當事人同意，才可以在節目中播出，否則可能會侵害被攝影者的肖像權，得依民法第184、195 條請求財產及非財產（精神上）的損害賠償。至於公眾人物的部分，由於可受公評，受到新聞自由第四權壓縮的影響，主張肖像權的空間較小。住宅或建築物的外觀並非屬於人像，而是屬於物的外觀，並無法主張肖像權。

◈ 刑法 —— 侵入住宅罪？

拍攝他人住宅、建築物照片，有沒有刑法第 306 條第 1 項侵入住宅的問題呢？ 第 306 條第 1 項的條文內容如下：

> 無故侵入他人住宅、建築物或附連圍繞之土地或船艦者，處一年以下有期徒刑、拘役或三百元以下罰金。

侵入住宅罪所侵犯的客體是「住居權」，也就是侵害他人生活狀況之平穩，未經居住權人的同意，而進入其住宅、建築物或附

連圍繞之土地或船艦。由於拍攝他人住宅、建築物照片，並不需要進入其中，通常都在街道上即可完成拍攝的工作，因此並沒有涉及到侵入住宅罪的問題。但若為了拍到較為清楚的照片，而翻牆潛入他人的住宅或建築物，則當然有侵入住宅的問題。

◈ 刑法 —— 妨害秘密罪?

當事人可不可以依據刑法第315條之1的規定，向業者提出刑事告訴呢?

刑法第315條之1的立法背景，主要是因為賓館偷拍、狗仔隊的風氣盛行，嚴重影響民眾隱私權利，故對於以工具或設備窺視、竊聽他人非公開之活動、言論或談話，或以錄音、照相、錄影或電磁紀錄竊錄他人非公開之活動、言論或談話，可科處三年以下有期徒刑、拘役或三萬元以下罰金。由上述條文可知，刑法第315條之1侵害的客體限於「非公開之活動、言論或談話」。住宅或建築物的外觀係對外公開，且非屬於活動、言論或談話，依「罪刑法定主義」，當然也不能科處刑罰。

> ### 小 小 加 油 站
>
> 罪刑法定主義:
> 指犯罪之法律要件及刑罰或保安處分之法律效果，均須以法律明確加以規定，若未明文規定或為不明確之規定者，即無犯罪與刑罰可言。

◈ 法律總整理

茲將涉及住宅或建築物外觀拍照的個資法、民法、刑法的相

關條文整理如下：

表 7-1：住宅或建築物外觀拍照相關條文一覽表

法律名稱	條　文	是否適用	備　註
個資法	第 3 條、第 27 條以下	×	但住宅或建築物外觀照片若與其他資料庫整合，則仍會適用個資法。
民法	第 18、184、195 條	×	沒有侵害隱私權、肖像權的問題。但若違反第 306 條規定，則有第 184 條侵權行為的問題，應負損害賠償責任。
刑法	第 306 條、315 條之 1	×	沒有侵入住宅罪、妨害秘密罪的問題。除非為了拍照，潛入他人的住宅領域內。

◈ 筆者觀點

　　總而言之，單純的拍攝建築物外觀，雖然造成被攝影者心理上的不舒服，但以現行法制討論，並不會涉及到任何的法律問題，包括個資法、民法，以及刑法妨害秘密罪、侵入住宅罪皆不適用。這對於業者來說，是一個好消息，可以在技術方面充分發揮，讓資料庫的功能表現到極致。

　　但是此種照片資料庫與其他型態的資料庫相整合時，仍有可能成為「個人資料」的一種，而受到個資法的規範。違反個資法時，仍必須依個資法第 27 條以下負民、刑事及行政責任。若為了拍照，偷偷潛入他人住宅或建築物，則當然涉及刑法第 306 條侵

入住宅的問題，而應該負刑事責任，並進而依據民法第 184 條負
侵權行為的責任。

 ## 你還可以學更多

⊙ 寬頻房訊，(http://www.lhouse.com.tw)。

⊙ 台灣電子地圖服務網，(http://www.map.com.tw/)。

⊙〈你家被偷拍了，你知道嗎?〉，(http://www.ettoday.com/2003
/05/07/91-1450832.htm)。

⊙〈網路上找得到你家外觀? 立委質疑侵害隱私權〉，(http://tw.
news.yahoo.com/2003/06/11/society/bcc/4042399.html)。

⊙ Katz v. United States, 389 U.S. 347 (1967).

8

電視新聞的「男主角」

隱私權侵害指數：

◈ 一些小故事

◈ 狀況 1：阿扁女兒文定之喜

　　阿扁總統的女兒陳幸妤與趙建銘訂婚的那一天，在總統官邸宴請賓客，為了維護總統與四方嘉賓的安全，出入管制非常嚴格，警衛、侍衛隊全都嚴陣以待。一專門深入報導各種內幕八卦的知名週刊，為能搶得獨家消息，採訪報導訂婚過程之相關新聞，以及有機會沾沾第一家庭的喜氣，派了四名優秀的記者，開著租來的轎車，喬裝成男方家屬，一路自臺北市晶華酒店跟隨趙建銘之訂婚車隊，沿途拍攝照片。上午十時許，車行至總統官邸大門入口前，這四名記者決定跟在六輛訂婚禮車後方，企圖蒙混過關；門口警衛不察，居然讓這輛某週刊的採訪車進入，好險內部安全人員及時發現，明明應該是「六」輛禮車，是吉利數字，怎麼會變成奇數「七」呢？於是立即攔下盤查，將這四位優秀的記者加以逮捕，移送臺北市中正二分局處理，總統官邸也提出告訴。這四名記者表示當時是要報導總統千金訂婚喜宴「溫馨」的一面，只因採訪車不小心夾在車隊中，在警衛以手勢指示下，才開入官邸。相同情形若發生在美國，制止不聽，說不定一槍就斃命了。這四名記者最後被臺北地方法院分別判處三至四個月的有期徒刑，當然可以易科罰金囉！

◈ 狀況 2:「搭便車」與警方一起搜索

紐約州一處偏遠的小鄉鎮,發生一起連續殺人案,有二十餘名女子失蹤,已有多名女子的屍體在山區森林中被發現,警方組成專案小組,經過長期深入調查,詳細比對附近所有可能涉嫌的前科犯,最後鎖定一位已失業多年的年輕男子——約翰。在事證明確後,警方帶著法院的搜索票,並私下通知當地媒體記者,在強力且快速的破壞大門後,警方一舉衝入約翰家中,當時約翰剛起床,身上僅穿了一條內褲,警方立刻以手銬將約翰的雙手反銬住並將他壓在地上,有個警員還以膝蓋抵在他的背上,拿槍指著他的後腦勺,此時,約翰的妻子身上僅穿著內衣出來查看。

當地記者也隨著警方一擁而入搜索現場,將逮捕約翰的過程全部拍攝下來,並將其家中狀況也即時拍攝,透過 SNG 車進行衛星實況轉播。約翰對於其殘酷的殺人犯行坦承不諱,但是對於媒體記者任意進入其住家拍攝報導的行為提出告訴,認為媒體記者侵入住宅,嚴重侵犯他的隱私權。

有關媒體侵入住宅及侵害約翰隱私權的部分,記者主張是在警方的同意下才進入兇嫌約翰的家中,法院的看法則認為警方取得法院的搜索票,有權進入兇嫌約翰的家中,但住宅所有權仍然屬於約翰所有,警方並沒有權力同意記者進入該住宅,因此記者進入住宅拍照的行為,仍屬侵害約翰的隱私權。

類似於此種記者「搭便車」的行為屢見不鮮,平常記者就算神通廣大,也不能隨便進出別人家中,因此必須等待警方出勤時,

才能順便進入拍攝現場隨行採訪，或作 SNG 報導。隨著鏡頭的轉動，不管是犯罪嫌疑人或被害人的隱私都無所遁形，「偵查不公開」原則蕩然無存。此種情形國內也時有發生，92 年 6 月底，警方破獲某個需要「白日依山盡，黃河入海流」通關密語，才可進入消費的酒店業者，當場逮捕許多全身赤裸陪酒的女性服務生，警方當時並沒有通知記者隨行，但仍然用公用攝影機將現場情況拍攝下來，還向全身衣不蔽體的女服務生要求將頭髮撥開，拍攝部分臉部（可能是為了犯罪證明之用）。可能為了遵守「偵查不公開」原則，這次記者沒有隨行，但事後警方仍將查獲該酒店過程的錄影帶在警局中播放，讓媒體記者直接轉拍，所以結果好像還是一樣，雖然滿足了民眾知的慾望，但尚未判刑確定的當事人被警方搜索的過程，全身光溜溜的畫面，在全國民眾的眼前一一呈現，這絕非新聞自由的體現。

◈ 狀況 3：假扮醫護人員採訪

　　某一年三重發生激烈的警匪槍戰，平日驍勇善戰的刑事組小隊長王大年率領一批年輕的幹員，與搶劫銀行的三名匪徒在街道上展開飛車追逐，三名匪徒為了逃避警方的追緝，不斷以烏茲衝鋒槍向警方掃射，警方不甘示弱，也立即掏槍還擊，經過數百公尺的追逐，支援警力迅速到達，在強勢警力的圍捕下，歹徒的座車遭到警方射穿，撞倒路旁的行道樹，終於投降就逮。但在槍戰的過程中，小隊長王大年所駕駛的車輛也不幸遭歹徒開槍擊中，導致車輛失控，連續翻滾卡在路旁的護欄上，王大年也跌落至路

旁的排水溝裡，因為傷及脊椎，而緊急呼叫勤務中心，將王小隊長送往附近的省立醫院急救。

經過一番急救，醫生順利將子彈取出，但王大年因流血過多，且傷及脊椎，恐怕會導致半身不遂，心情欠佳，因此特別要求同仁嚴禁記者入內攝影採訪。此時大批媒體記者欲入內採訪該名小隊長的英勇行為，然經門口同仁婉轉說明王員身體虛弱，不願接受採訪，記者們不得其門而入，只能悻悻然在外頭守候。惟某媒體記者不甘在外白白等待，乃突發奇想，決定喬裝成醫生、護士，攜帶針孔攝影器材，進入病房內拍攝員警受傷的情形。王大年以為是醫生、護士來為其治療，想起可能須在輪椅上度過餘生，乃向該二名假冒的醫生、護士透露心聲「寧願一死，也不想成為無用的廢人」。

王大年完全不知道，他向這二位醫生、護士說的內心話，當晚竟然成為某電視臺的「獨家報導」。王員心中充滿了震驚與憤怒，想不到記者居然把他最悲慘的一刻，變成全國觀眾茶餘飯後的話題，於是向媒體提出控告，以侵害他的個人隱私為由，要求媒體賠償精神上的損害新臺幣二億元。

◈ 狀況 4: 誰偷了國家的電 ── 大陸發生的案例

大陸也有類似的案件，西元 2000 年 8 月間，江蘇省供電局有鑑於民眾為了省電費，竊電情況相當嚴重，於是舉行「反竊電」檢查。供電局接獲線報，懷疑某村民王小民有竊電行為，馬上派出大隊人馬赴現場檢查，並請當地《南通日報》的張姓記者陪同

前往。

檢查人員抵達現場後,在王小民單門獨院的二層樓房前喊了好幾次王某的名字,但都無人應答。為了不虛此行,檢查人員決定直接進入王某家中檢查,並請當地支部蔡姓書記當在場人。經由檢查人員詳細查看後,發現陽臺上懸掛著一條不尋常的電線,一端掛在公用高壓線上,一端則經絕緣瓷瓶進入王某住家內。張姓記者就將現場狀況拍成照片,準備隔天刊登在當地的報紙上,一行人隨即離開現場。

幾天後,王小民向相關部門反應供電局未經其個人同意,非法闖入他人住宅,要求嚴正處理,但大陸是個「有關係沒關係,沒關係有關係」的社會,用腳趾頭想也知道不會有下文。王某心存不滿,心想「中國」乃泱泱大國,豈能容許此事存在,於是一狀告上法庭,希望法官能追究供電局非法侵入住宅的刑事責任,還給他一個公道。此事引發當地一陣騷動,因為難得有人願意站出來與官府對抗,這簡直就是英雄的作為。

被告等人辯稱,從王小民住宅外就可以發現陽臺上有掛線進入家中,為取證需要而剪斷電線及進行必要的檢查,係依照「電力法」的合法行為,屬於職責範圍,怎麼會算是犯罪行為呢?

張姓記者也反駁說,當日是《南通日報》指派身為媒體從業人員的他,對執法行為進行正當的輿論宣傳、監督,所以他的行為怎麼可能會違法呢?

王小民孤身作戰,表示被告等人明知自訴人家中沒有人在,居然還進入住宅檢查,執法觀念薄弱,嚴重違反法定程序。電力

法也沒有授權用電管理人員「強制入戶」檢查的規定，無視民眾住宅不受侵犯的權利。

各位讀者，你認為本案應該如何宣判呢？場景如果改在臺灣，又會有什麼樣的判決出現呢？本案在隔年 5 月 27 日宣判，法院認為，被告等人根據單位安排檢查王

```
╔═══════════════════════════╗
       小 小 加 油 站
中國大陸相關法令：
憲法第 39 條：「中華人民共和國公民的住
宅不受侵犯。禁止非法搜查或者非法侵入
公民的住宅。」
刑法第 245 條第 1 款：「非法搜查他人身
體、住宅或者非法侵入他人住宅者，處三
年以下有期徒刑或者拘役。」
電力法第 33 條第 2 項：「供電企業查電人
員和抄表收費人員進入用戶，進行用電安
全檢查或者抄表收費時，應當出示有關證
件。」
╚═══════════════════════════╝
```

小民的用電情形，是執行職務的行為，但在得知王某家中無人時，仍然進入住宅內檢查，確實「執法不妥」，蔡姓書記在場見證入戶也「不妥」，但此等被告非法侵入住宅情節顯屬輕微，危害社會不大，不能認為是犯罪，所以宣判無罪。

 ## 民眾如何主張自己的權利？

本文所提到的「阿扁女兒文定之喜」、「『搭便車』與警方一起搜索」、「假扮醫護人員採訪」及大陸發生的「誰偷了國家的電」四個案例，並不涉及新聞言論的部分，主要是討論有關新聞工作上最常出現侵害居住自由的部分。首先必須說明的是，居住自由也屬於隱私權的一環，因此民眾對於這些讓人感覺不太舒服的採

訪行為，所能主張的權利整理如下：

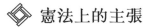 ## 憲法上的主張

我國憲法第 10 條規定：「人民有居住及遷徙之自由。」其中有關居住自由的部分，簡單來說，就是人民居住的處所，不應受到非法侵犯的意思。除非有憲法第 23 條所規定的，符合防止妨礙他人自由、避免緊急危難、維持社會秩序或增進公共利益所必要者之事由，才能以法律限制之。

刑法上的主張

一、侵入住宅罪

刑法第 306 條規定：「無故侵入他人住宅、建築物或附連圍繞之土地或船艦者，處一年以下有期徒刑、拘役或三百元以下罰金。無故隱匿其內，或受退去之要求而仍留滯者，亦同。」無論是總統官邸、他人住宅、病房，或旅館房間等地方，都可以主張居住自由。因此只要沒有正當理由，侵入他人的住居所，或者是原本有正當理由進入，但正當理由消失後或被要求退去時，也都會成立本罪。

或許媒體記者會質疑醫院本來就是任何人可以進出的公開場所，則在「假裝醫護人員採訪」的案例中，並沒有涉及侵害他人的居住自由，而無刑法第 306 條的適用問題。然而這是一種錯誤的觀念，所謂醫院是公開場所，也僅限於大廳、走廊等地方，病房仍然屬於「建築物」，當然不得隨意進出，而且媒體記者係因為

假冒醫護人員，才獲得病患同意進入，並不能因此認為有正當理由進入病房。另外，即使是一般人認為是公共場所的百貨公司、電影院、圖書館、博物館，仍有部分地區屬於未經許可不得進入的場所，例如辦公處所、員工休息室等地，或者是在營業時間以外，當然都不可以隨意進出。

二、妨害秘密罪

刑法第 315 條之 1 規定：「有左列行為之一者，處三年以下有期徒刑、拘役或三萬元以下罰金：一、無故利用工具或設備窺視、竊聽他人非公開之活動、言論或談話者。二、無故以錄音、照相、錄影或電磁紀錄竊錄他人非公開之活動、言論或談話者。」本條條文已經在本書第三單元概略介紹過，其立法目的主要係為了處罰針孔偷拍盛行，徵信業者、狗仔隊偷窺他人之行為等。本單元所介紹之「狀況1：阿扁女兒文定之喜」中，記者混入總統官邸所拍攝的照片，及「狀況3：假扮醫護人員採訪」中記者混入病房內拍攝員警受傷的情形，都可能成立刑法第 315 條之 1 的罪名。

◈ 社會秩序維護法

社會秩序維護法第 83 條第 1 款之規定：「有左列各款行為之一者，處新臺幣六千元以下罰鍰：一、故意窺視他人臥室、浴室、廁所、更衣室，足以妨害其隱私者。」所以只要記者有窺視的動作，且其行為足以妨害他人隱私，就可以成立本條罪名，例如使用秘密攝影器材偷拍他人生活起居，並將內容播出的行為即屬之。但本條行為僅限於臥室、浴室、廁所、更衣室等地，若是在公開場

合拍攝，則並無本條之適用。

 ## 民事損害賠償責任

若媒體記者侵害他人的居住自由，當事人可以依據民法第
184、195條之規定，請求財產上以及非財產上的損害賠償。在本
文所介紹的四個案例中，當事人可以主張因居住權遭到侵害，或
者是被拍攝到令人難堪的畫面，並於電視臺播放，造成個人隱私
權的侵害，積極主張自己權利，千萬別讓權利躺在床上睡著了。

新聞自由與隱私權的衝突

言論與新聞自由是一種基本的人權，是監督制衡政府的機制
之一，當然必須要加以保障；但有一個很重要的觀念必須釐清，
就是保障新聞自由，並不意味著新聞自由可以任意侵害他人的居
住自由權、名譽權等個人權利。在一個法治國家，仍然必須建立
一套平衡的機制，讓不同的權利能夠取得最佳的平衡狀態，不會
發生過度保障某一種權利的情形。

新聞自由包含採訪、傳遞、發表、閱讀與收聽新聞的自由，
其中整個新聞自由的主軸為「發表新聞的自由」，也就是說新聞從
業人員能在沒有不當限制的環境下，自由發表新聞內容，以保障
民眾知的權利。若動輒以觸犯刑法侵入住宅罪、誹謗罪科以記者
刑責，則許多具有新聞價值的報導將無法呈現，例如在急難救助
的現場，若還要獲得所有權人的同意才能進入現場，往往緩不濟

急。惟近年來知的權利似乎有被濫用的趨勢，因此知的權利與國家安全、個人隱私權有衝突時，何者重要？新聞自由的界線在哪裡呢？常常成為爭論的焦點。

對於侵害個人隱私的新聞報導，能否摘除新聞自由的大帽子，讓新聞媒體攤在陽光下接受檢視，對於其不當的採訪行為負其責任，必須符合三個要件。第一個要件是「不具備新聞價值的報導」，例如妙齡少女走在路上裙子被風吹起來的照片即屬之。但新聞價值的概念很抽象，美國許多法院對於體育新聞登載運動員私處部分曝光的照片，多認為不得以隱私權遭侵害提起訴訟。

第二個要件是「私人事務」，所謂私人事務是指不具備公共利益的事務，若私人事務與公共利益有關，仍然具有報導的必要。例如大陸來臺老兵原本在大陸已經結婚，但來臺後因為與大陸妻子長期無法聯繫，最後只好在臺另娶其他女子為妻，開放大陸探親後，產生重婚的爭議，這雖然屬於私人事務，但涉及兩岸重婚的問題，到底該如何解決，卻是屬於重要的社會議題，故亦得排除於私人事務的範疇外。

第三個要件則是「高度冒犯性」，比較口語化的說法，就是嚴重侵犯到個人私密而極為不欲人知的領域。例如某媒體刊登某位市井小民年幼時曾被多名男子性侵害，並播放性侵害過程的錄音帶，把該民眾最痛苦的回憶呈現於大眾目光下，比較脆弱者可能因此精神崩潰或自殺，此即屬於具有高度冒犯性的報導。但若某報紙刊登一則有關知名作家的報導，內容指出他是個喜好喝酒，不努力工作，靠女人吃飯的傢伙，雖然內容讓人討厭，且令人尷

尬，但不具有高度的冒犯性，尚不符合此一要件。

上述這三個要件主要適用於單純新聞報導內容的部分。若新聞報導扭曲事實，以我國刑法的規定，涉及刑法第 310 條第 1 項、第 2 項誹謗罪的要件，其規定內容如下：

> 意圖散布於眾，而指摘或傳述足以毀損他人名譽之事者，為誹謗罪，處一年以下有期徒刑、拘役或五百元以下罰金。
>
> 散布文字、圖畫犯前項之罪者，處二年以下有期徒刑、拘役或一千元以下罰金。

同條第 3 項規定只要證明是「真實」，且不是單純涉及私德，而與公共利益有關者，則不罰。刑法第 311 條規定，以善意對於可受公評之事，而為適當之評論的行為，不罰。這些規定都是針對言論內容與事實相符者之保障，新聞媒體只要依其所提證據資料，認為有相當理由確信其報導內容為真實者，就不能科以誹謗罪的刑責，司法院大法官會議釋字第 509 號解釋即採此一見解（參照附件 E）。

但這些保障新聞從業人員言論自由的見解，並不代表媒體可以為所欲為，可以隨意進出他人的住居所。以「搭便車與警方一起搜索」的案例來說，法院開立搜索票，只有授權執法人員進入民眾住居所內搜索，並沒有授權新聞媒體也可以進入搜索的現場，即使新聞媒體有報導犯罪者遭到逮捕的自由，但也沒有權利隨意進入他人的住居所。否則「第四權」的範圍將無限擴大，導致新聞界任意以新聞自由之名，擴張其採訪活動範圍，揭發瘡疤，挖

掘個人隱私，侵犯個人私生活；乾脆讓媒體有權能自由住在每一個犯罪者的家中，甚至於還可以在沙發上抱頭呼呼大睡，不是更可以彰顯新聞自由嗎？在震驚社會的璩美鳳光碟案中，法院認為「新聞媒體亦不得以新聞自由為由，而排除該刑法之適用」，正是採取新聞從業人員亦應遵守法令之觀點。

值得討論的是，我國刑法第 306 條侵入住宅罪，須以「無故」為其構成要件，亦即私闖民宅而「無正當理由」始成立該項罪名。因此，媒體隨同檢警在犯罪現場拍攝錄影，以便對大眾忠實報導，善盡傳播者的責任，似乎可以主張具有正當理由，並非「無故」，不構成侵入住宅罪。本文認為如此的解釋結果應該要審慎為之，在民眾居住自由與新聞報導自由兩種權利的相互平衡下，應該限制其適用的範圍。

媒體隨行採訪固然可以宣揚政府打擊犯罪的成果，避免警方濫權的可能性，以及滿足民眾知的權利，種種說法似乎符合正當理由的概念。但住宅為個人最安全的城堡，宣揚政府打擊犯罪的成果，不足以成為侵入個人住宅的理由；為了避免警方濫權的可能性，仍然可以採取其他措施，讓媒體侵入住宅並非最後且侵害最小的手段；而所謂滿足民眾知的權益，根本就是將大眾的娛樂建築在個人的痛苦上，這些尚不足以成為使侵入他人「住宅、建築物或附連圍繞之土地或船艦」行為正當化的理由，故若未經當事人之同意，或未有其他法律明確規定的事由，基本上仍不可以進入住宅進行隨行採訪的工作；但在搜索現場封鎖線的外圍，當然可以自由採訪。

　　因此，新聞媒體應善加約束採訪作為，以免自陷法網。至於警方應在搜索過程中全程錄音錄影，事後在不違反偵查不公開的原則下，在合法的範圍內統一對外發佈消息，並作必要的說明，以滿足媒體採訪報導需要，但也不可以變相將搜索過程中全程錄影錄音的內容，毫不過濾就直接播放給媒體記者拍攝。否則原本搜索要錄影錄音是為了作為輔助證明、避免警方濫權之原始目的，反而成為媒體的「替身」，無法達到保障民眾隱私的目的。因此媒體若能在採訪過程中，以尊重民眾的隱私為前提，一切在合法範圍內互動運作，則憲法所保障的居住自由與新聞自由，當然不會有衝突的情況發生。

◈ 記者應注意事項

　　新聞媒體在採訪新聞時，應嚴格自我要求採訪的作為，一方面能避免因觸犯刑法的規定，而有遭遇牢獄之災的危險，一方面也代表尊重民眾的隱私權。如同台灣新聞記者協會提出的「記者倫理公約」第七點：「除非涉及公共利益，新聞工作者應尊重新聞當事人的隱私權；即使基於公共利益，仍應避免侵擾遭遇不幸的當事人。」以下提出幾點建議，供新聞從業人員參考：

一、徵詢當事人的同意

　　事先獲得當事人同意後，再進行新聞報導或刊登，則無所謂侵害隱私權的問題，若情況許可，為避免事後困擾，當事人的承諾最好能以書面方式為之。

二、 充實法律常識

新聞從業人員，不論是文字記者或攝影記者，甚至是編輯等，都應具備有隱私權的法律概念，從開始作業時就時時注意要如何做才能避免侵害隱私權，有此一概念，自然就不容易侵害別人的隱私權。

三、 加強媒體從業人員訓練

新聞事件種類繁多，為強化媒體從業人員對於事件的反應能力，避免在遭遇重大事件時，無法兼顧新聞採訪與民眾隱私保障，平時應由新聞主管機關或民間媒體業者推動各類型的訓練，強化基本的應變能力。

四、隨時進行反省檢討

透過中華民國新聞評議委員會、台灣新聞記者協會等自律機關，隨時對於媒體播放內容提出檢討，畢竟民眾沒有提出抗議或控訴，並不代表媒體報導的內容與過程沒有違反法律，故須經由不斷的自我反省，才能讓媒體成為真正具有公信力、值得信賴的第四權。

五、徵詢專家的意見

在報導內容涉及當事人隱私權利時，事先應請教法律專家，共同研究後再決定是否予以刊登，以避免事後遭到當事人控告或抗議之困擾。

六、 以被報導人的角度考慮問題

在競爭激烈的媒體環境下，為了拼收視率、搶獨家，往往犧牲了民眾的隱私權，為了避免媒體與民眾的困擾，也為了避免造

成無法挽回的傷害，媒體從業人員在報導新聞之前，也應該從被報導人的角度思考問題，推測當事人可能的感受，再決定是否要進行報導。

七、採取事後補救措施

一旦發生有當事人對於新聞報導內容提出抗議或控訴時，應立即檢討是否有侵害隱私權，並耐心地與當事人解釋及溝通，如果有侵害隱私權時，應誠心地加以更正、道歉，說明本身並無惡意，以降低當事人心理上的傷害，以免引發不必要的官司。

◈ 你還可以學更多

- ⊙蘇友辰，〈居住自由與新聞自由的衝突〉，《自由時報》，1999年5月29日，第15版。
- ⊙林山田，《刑法各罪論》，臺大法律系發行，民國84年9月初版。
- ⊙克雷‧卡佛特 (Clay Calvert) 著，林惠娸、陳雅汝譯，《偷窺狂的國家》，商周出版，民國92年1月初版。
- ⊙蔡祥、徐新宇，〈私闖民宅，還是正當執法〉，人民網 (http://www.people.com.cn/GB/shehui/46/20020814/799303.html)。
- ⊙中國法律資源網，(http://www.lawbase.com.cn)。
- ⊙台灣新聞記者協會，(http://atj.yam.org.tw/)。
- ⊙臺北地方法院91年訴字第186號判決（璩美鳳案）。

網路上抓壞蛋 ── 網路監聽

隱私權侵害指數：

◇ 一些小故事

◇ 網路抓姦

李先生與人合夥開設一家貿易公司,並擔任該公司的總經理,與結婚十年的李太太兩人家庭幸福美滿,育有一子一女,是人人稱羨的神仙眷屬。但是自從李先生聘請了一位美艷的女秘書小麗後,常常夜不歸巢,就算回到家,也是窩在書房,透過網路和女秘書暗通款曲,互訴傾慕之情,使得甜蜜的家庭只剩下冷冰冰的房子。一向頗得老公疼愛的李太太,這時候的感覺有如從天堂掉入地獄,為了挽回往日美滿的家庭生活,李太太決定尋求專家的協助,深入了解李先生到底上網和女秘書小麗在做些什麼,這樣才能知己知彼,百戰百勝,把小麗這個狐狸精趕走。

經向許多友人詢問,得知尋求徵信社協助往往代價甚高,動輒二、三十萬元,甚至於上百萬元,而家中經濟大權操控在李先生的手中,李太太手頭並不寬裕。此時,李太太的好友建議她可以上 Infidelity.com(不貞檢查)網站,購買能追蹤配偶電子郵件內容及聊天室紀錄的各種產品,其中還包括可以監控配偶輸入鍵盤內容的電腦軟體,而重要的是這些軟體合臺幣居然不到五千元。於是李太太上網訂購這些軟體,準備調查李先生到底在玩什麼把戲!經過十幾天的資料蒐集,原來李先生利用電子郵件以及微軟MSN 網站所提供的即時通訊軟體,與女秘書小麗互訴彼此的愛慕

之意。李太太蒐集到了總計二十餘封往來的電子郵件，以及兩人利用即時通訊軟體聊天的紀錄檔。李太太不願意忍氣吞聲，決定要對小麗提出妨害家庭的官司，將老公從其手中搶回來。

　　李太太這一場官司能成功，能搶回老公的心嗎？她所蒐集的這些證據可以作為呈堂證供嗎？還是有違反任何法律規定，導致監聽不成，自己反而先進了監獄？且待我們繼續往下分析。

◇ 國內第一個網路監聽案

　　民國 92 年 8 月初，調查局偵破以葉○○為首的犯罪集團，涉嫌替中共蒐集美臺合作軍機案。本案主嫌葉○○為大陸「徐先生」所吸收成為共諜後，即利用其與中科院人員的關係，與曾經負責相關航空科技業務發包案的陳○○搭上線，依據「徐先生」的指示，設法取得我國與美國合作發展的 TMD 飛彈防禦系統、二代兵力規劃與兵力配置等機密資料，並依據蒐集資料之多寡與難易度，每次收取美金二千至五千元不等的現金，再利用赴大陸的機會，將資料交給「徐先生」。葉○○另利用旅美華裔退休工程師許○○，侵入美國政府機密檔案，蒐集我國與美國合作的戰術聯合通訊系統、夜視設備等國防機密資料，嚴重影響國家安全。

　　調查局於 90 年間就接獲檢舉，監聽葉○○等人的聯絡電話，並跟監葉○○等人，但葉○○等人行事小心，不在電話中與共犯談論軍機內容，使調查人員能掌握的線索及證據十分有限；調查人員因而高度懷疑葉○○是上網以電子郵件與共犯聯繫，於是破天荒的向高檢署檢察官聲請監看葉某等人的電子郵件，並派出調

查局資訊室多名電腦專家支援，順利攔截到葉○○等人聯繫的電子郵件內容，掌握其不法取得軍事機密的具體事證，順利偵破這起共諜案。

本篇文章將介紹國內網路監聽的相關法律制度，說明執法人員應該要怎樣才能合法的監聽，以及現行的監聽制度有沒有需要改進的地方，請各位繼續往下看本文的分析。

網路監聽的技術

民間網路監聽技術

在民間網路監聽的現況，傳統徵信人員的調查方法，逐漸被電腦軟體所取代，這些軟體的價格低廉，但所能取得之資訊卻遠遠超過照相機、錄影機、針孔攝影機等設備，而這些資訊更是圖文並茂，內容非常明確，幾乎讓被監聽者無可辯解。民間網路監聽的工具不勝枚舉，其具備的功能幾乎能與政府及企業的網路監聽並駕齊驅，因此一個利用電子偵測設備與網路科技反制外遇的新興市場應運而生。除了抓姦這種特殊功能外，有許多上班的父母也在家中電腦安裝了 eBlaster 等類似軟體，偷偷地觀察使用電腦的兒女寄送與收到哪些電子郵件、網路聊天的內容、參觀的網站、使用的應用程式，而完全不會被兒女發現。不過目前已經有許多反監控軟體上市，未來網路使用將可能變成新版的 007 諜對諜的世界。

◇ 政府網路監聽技術

我國目前仍以電話通訊監察為主要監聽方式,民國 81 年 7 月 30 日,行政院行文要求調查局辦理國內犯罪案件監聽業務,負責主要建制工作,除了在電信局總局之機房內操作外,調查局另建置監聽設備,分成「市區電話監察」、「行動電話監察」與「現場監聽室」,在其內部各單位設有監聽專線及電話自動錄音設備;中華電信公司全省三十八個行動電話機房,拉了三千零七十五對的專線,連接設置於調查局局本部及南部通訊中心之監察錄音系統,以便能夠對市區一般電話進行監聽工作。另外,亦針對國內行動電話業務設置通訊監察設備,以提供國內司法警察機關聲請進行通訊監察業務之用。惟民國 86 年底,調查局與警察機關互相爭取監聽權的主導地位,希望能加強己身偵查犯罪的能力,民國 87 年至 88 年間,行政院最後決定採行「雙軌制分工」,中華電信公司市內電話與行動電話之監聽工作由調查局負責,其他民營業者行動電話則由警察機關負責建置,但是通訊設備日新月異,仍造成許多犯罪偵查的死角。

網路監聽方面,目前係在網路特定位置上放置監聽設備,攔截封包並將之解讀。此外,警方在偵辦案件時,有時會進入聊天室觀看他人聊天之過程,發掘色情交易等不法行為;惟一般聊天室都具有公開性,可以看到彼此聊天的內容,不具有秘密性,無法主張合理隱私權之期待,不符合通訊保障及監察法的規定,所以並不屬於網路監聽。但是聊天室仍有一些特殊功能,例如「悄

悄話」、「非公開性聊天室」等，則因為具有秘密性，若要得知通話之內容，仍必須取得通訊監察書後，始可對此種網路通訊內容進行監聽。

網路監聽的設備種類繁多，一般而言，Sniffer、Key Logger 等都可以算是網路監聽設備，還有許多專供企業使用的網路監聽設備，能將員工使用企業網路的情況全部記錄下來。前面所提到的小故事中，李太太上網購買監控軟體，監聽李先生使用網路的情形，就是利用這一類的設備。

美國政府為執行網路監聽，也開發出「食肉獸 (Carnivore) 系統」，以因應未來網路犯罪或恐怖活動的發展，該系統可以監看任何網路上的通訊內容，包括檔案傳輸、訊息公佈、新聞群組、電子商務等，理論上只要是上網的任何活動都可以完全掌控。以電子郵件為例，該系統可監看送件者與收件者、郵件主題與郵件內容等，另外，亦可分析 ISP 業者之客戶網路瀏覽習性與使用狀況。下頁圖 9–1 即為 Carnivore 系統截取資料的流程（取材自 FBI 網站）：最上面向右移動者是經過 ISP 業者的網路通訊內容，執法機關在左端安裝一個截取點，將監聽對象的通訊內容複製一份，最後再經由過濾的程序，將與案情沒有關聯的通訊內容除去，剩餘的部分才能在法庭上作為呈堂證供。

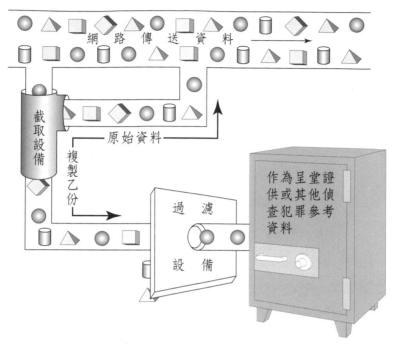

圖 9-1：Carnivore 截取資料流程圖

◈ 我國法律怎麼規定？

為了保障個人的通訊自由及隱私權，我國於民國 88 年制定了「通訊保障及監察法」。依該法第 24 條第 1 項規定「違法監察他人通訊者，處五年以下有期徒刑」，雖然實務上有認為該條所規範者，主要是公務員不依法而監察他人通訊之處罰規定，也就是不及於一般人民，但是依據法務部 (89) 法字第 000805 號函釋的認定，依原立法意旨，第 24 條第 1 項之處罰對象係指一般人民。因

此，任何人只要監聽他人之談話，即屬於「違法監察他人通訊」，若無本法第 29 條「不罰」之情形，即應該負擔刑事之責任。

另外在刑法第 315 條、315 條之 1 規定，也規範不得為下列行為：

⑴無故開拆或隱匿他人之封緘信函、文書或圖畫。

⑵無故利用工具或設備窺視、竊聽他人非公開之活動、言論或談話者。

⑶無故以錄音、照相、錄影或電磁紀錄竊錄他人非公開之活動、言論或談話者。

以李太太網路抓姦這個案子來看，抓姦者懷疑另一半不忠，認為身為配偶有權可以監視自己丈夫的一舉一動。或許其監看配偶的行為可以認為有正當理由，而不構成刑法第 315 條、315 條之 1 規定中「無故」的要件；但是此種行為仍然要考量到通訊保障及監察法的規定，以目前實務上的看法，似乎認為一般人民仍然是在規範的範圍內，因此不可以隨意監看他人的網路通訊行為，只有在符合下列三種條件時，才例外地不罰：

⑴依法律規定而為者。

⑵電信事業或郵政機關（構）人員基於提供公共電信或郵政服務之目的，而依有關法令執行者。

⑶監察者為通訊之一方或已得通訊之一方事先同意，而非出於不法目的者。

顯然法律沒有明文規定只要配偶偷腥，另一半就能夠進行網路抓姦的行為，而配偶也非「電信事業或郵政機關（構）人員」，

即使剛好從事這方面的工作，網路抓姦的行為也是為了維護自己的婚姻關係，或者是要讓第三者繩之以法為目的，而非基於「提供公共電信或郵政服務之目的」。另外，網路抓姦的行為必須要偷偷地監看配偶與第三者的網路通訊行為，相信配偶或第三者應該都不會樂意讓別人知道他們之間的姦情，而事先同意這種行為；所以三種條件都無法成立，要進行網路抓姦恐怕仍然要三思而行。

　　至於在政府網路監聽方面，必須遵守一般立法的原則，這些原則包括「比例原則」、「書面許可原則」、「透明化原則」、「隱私權保障原則」及「重罪原則」。通訊監察之聲請程序，可以分成一般犯罪監聽、緊急監聽及情報性監聽三種，程序上並不相同，說明如下：

◈ 一般犯罪監聽

　　有事實足認被告或犯罪嫌疑人符合一定重罪之犯罪行為，並危害國家安全或社會秩序情節重大，而有相當理由可信其通訊內容與所犯的案件有關，且不能或難以其他方法蒐集或調查證據者，於偵查中得向檢察官申請核發通訊監察書，於審判中則由法官依職權核發（通訊保障及監察法第 5 條）。

◈ 緊急監聽

　　有事實足認被告或犯罪嫌疑人有犯擄人勒贖罪或以投置炸彈、爆裂物或投放毒物方法犯恐嚇取財罪之嫌疑，為防止他人生命、身體之急迫危險，檢察官得以口頭通知執行機關先予執行通

訊監察，且應於二十四小時內補發通訊監察書；未於二十四小時內補發者，應即停止監察（通訊保障及監察法第 6 條）。

◈ 情報性監聽

　　為避免國家安全遭受危害，而有監察通訊，以蒐集外國勢力或境外敵對勢力情報之必要者，綜理國家安全情報工作機關首長得核發通訊監察書。但是被監聽通訊的一方在我國境內設有戶籍者，其通訊監察書之核發，應先經最高法院檢察署之檢察官同意（通訊保障及監察法第 7 條）。

　　因此，只要符合通訊保障及監察法之規定，遵循法令上程序的要求，當然可以進行一般犯罪監聽及情報性監聽的工作。但若未遵守法令上程序之要求，未經授權執行監聽、監聽逾越授權的範圍，或者是雖經授權監聽，但經撤回或停止通訊監察而仍繼續監聽者，都屬於違法監聽，執行監聽職務的公務員就必須負擔行政、民事及刑事上三重之責任。

　　過去民眾對於執法機關監聽行為過於浮濫之現象多有詬病，在執法機關不斷的努力下，已有大幅度之改進，但這些都只是傳統監聽的部分。網路監聽才剛起步，是不是也能記取教訓，遵守基本原則與程序上之要求，達到保障人民基本權利之目的，是執法機關共同努力之方向。

　　此外，目前羈押權與搜索權已經從檢察官移轉至法官負責審查，此乃因羈押權與搜索權分別對於人身自由、居住自由、財產權等權利有重大侵害，以往單由檢察官決定是否執行羈押與搜索，

難免令人質疑有濫權之嫌疑，且檢察官屬於行政體系，與犯罪涉嫌人處於相對立之地位，讓檢察官有權羈押人犯或開立搜索票，恐有球員兼裁判之嫌，故基於人權保障之需要，並符合世界立法趨勢，羈押權與搜索權已回歸法院。同理，秘密通訊權與隱私權屬於人民重大的基本權利，通訊監察之施行對於人民之秘密通訊權與隱私權亦會造成侵害，其侵害之程度實不下於羈押與搜索，因此未來對於通訊監察之核可權，是否應回歸法院，恐怕是民主潮流的時勢所趨，值得立法者深思。

我國網路監聽未來之發展方向

網路監聽屬於一個待開發的領域，許多法律適用、技術開發，以及民眾隱私權的議題，都是正在起步的階段。相對於美國 Carnivore 系統之開發，我國似乎未研發相關通訊監察技術，以提升國內打擊犯罪與保護國家安全之能力；在法令方面，主要僅以通訊保障及監察法共計三十四條條文加以規範，無法面面俱到。例如對於電信事業之定義過於狹隘、缺乏降低無辜第三人權利侵害之規定、缺乏事後審查之機制等，都是立法機關必須加速修改之方向，以下提出幾項建議，希望能作為我國未來發展網路監聽的參考：

◇ 降低對第三人權益的侵害

電話與網路最大的差別，在於電話通訊是點對點的傳送，網

路通訊則是資料流的傳送,因此對於電話進行監聽,不會攔截到與監聽對象不相干的第三者談話內容;但是網路監聽方面,被監聽的人可能是與嫌犯毫不相干的第三人。因此,如何降低對第三人的權利侵害成為重要之課題,可以參考下列的解決方法:

一、 事後通知

若在技術上無法防範監看第三人之通訊內容,則在偵查行為結束後,於技術許可範圍內通知不相干之第三人,如此一來,可使通訊監察書核發人與執法人員更謹慎為之,藉以防止更進一步之隱私權侵害。

二、 通訊監察書中載明監察之範圍

執法機關執行搜索時,不能超出搜索票中所載之範圍,否則屬於違法搜索。網路通訊監察方面,常需監聽某個 IP 位址或電子郵件帳號等,因此通訊監察書核發人應將所要監聽之 IP 位址或某個電子郵件帳號等內容,詳細載明於通訊監察書中,以保護人民隱私權。

三、 通訊監察紀錄報告供事後審查

執法機關對於其偵查作為應留下紀錄以供事後審查,即使是一般資料調閱,都應經過上級長官審核,並留下調閱紀錄。進行網路監聽時,應將監聽過程與監聽內容以檔案記錄下來,記錄之內容包括通訊監察對象、範圍、內容,與其他第三人之資料等都應留存,並配合國會或監察機關事後審查,以防止執法機關濫用通訊監察之行為。

四、 由技術面加以解決

實施通訊監察之相關單位，應在技術層面上研發軟硬體設施，以軟體過濾或選項設定，或利用電磁脈衝測定來源等方式，讓第三人之通訊內容不會被執法人員無意監看，即可降低第三人隱私權被侵害之可能性。以 Carnivore 系統為例，該系統分成基本模式與進階模式，在進階模式中，只要增加過濾要件的設定，就可將監聽範圍鎖定在特定目標中，減少許多與監聽範圍無關的資料。

◈ 應擴張電信事業之範圍

依據通訊保障及監察法第 14 條第 2 項規定：「電信事業及郵政機關（構）有協助執行通訊監察之義務，其通訊系統應具有配合執行監察之功能。」此規定所謂之「電信事業或郵政機關」若依據電信法僅包括第一類電信事業及第二類電信事業，難以擴及民間大多數網路公司、個人網站、網路咖啡廳、學校等民營業者，使得這些業者得以拒絕協助監聽之要求。故隨著網路時代的來臨，許多不屬於電信法所定義電信事業範疇之業者，仍必須配合通訊監察業務，才能達到維護國家安全、社會秩序之目的。因此，必須適時地修正現行法令或擴張通訊保障及監察法中有關「電信事業」之解釋，使網路咖啡廳、學校等非屬電信法中電信事業定義之業者，也應該要能協助執行網路監聽，以避免網路世界成為犯罪的化外之地。

◈ 機動性監聽之合法性

網路世界具有機動性，犯罪嫌疑人為逃避追蹤，可能以任何

方式逃避執法機關之追查，例如更換帳號，使用公用網路之電腦，甚至於不斷申請免費之電子郵件帳號；為因應網路之特性，應修正通訊保障及監察法，明文允許機動性監聽 (Roving Wiretap)，使執法機關在偵辦網路犯罪過程中能更富有彈性，以因應多變之犯罪手法。

◈ 電腦侵入者通訊之截取

美國愛國者法 (USA Patriot Act) 修訂美國電子通訊隱私法 (ECPA)，增列未經授權侵入受保護之電腦 (protected computer) 之電腦侵入者 (computer trespasser)，不得享有合理隱私權之期待之規定。另外增列違法通訊監察之除外規定，認為在下列情況下，個人具有表現合法 (color of law)，截取電腦侵入者傳送至（從）、經過受保護之電腦之有線或電子通訊，並非不法行為：⑴受保護電腦之擁有者或操作者授權截取電腦侵入者在受保護電腦中所為之通訊；⑵個人具有表現合法 (color of law) 合法從事調查行動；⑶個人具有表現合法 (color of law) 有合理的基礎相信電腦侵入者通訊之內容與調查行為有關；⑷截取之行為只獲得電腦侵入者傳送之通訊內容。這些規定值得我國借鏡。

◈ 建立通訊監察監督制度

我國通訊保障及監察法第 16 條規定：「執行機關於監察通訊後，應按月向通訊監察書核發人報告執行情形。通訊監察書核發人並得隨時命執行機關提出報告。通訊監察書核發機關應派員至

執行處所，監督通訊監察執行情形。」仍屬於行政內部監控，欠缺司法或國會之監督，尤其是通訊保障及監察法對於情報性監聽更是缺乏規定。依據國家安全會議組織法第 8 條規定，國家安全局應受立法院監督，但是並未明文規範監督之方式與內容，本文雖在各方面主張擴大執法機關通訊監察之能力，但仍須建立完整之配套措施，包括加強當事人權利之保護、建立國會監督機制等，方能在人權保障之前提下，達成維護國家安全、社會安定之目標。

因此，建立國會監督之相關機制，以維護人民隱私權之保障，可參考美國電子通訊隱私法 (ECPA) 與協助法律執行通訊法 (CALEA) 中關於國會監督之相關規定，要求核准通訊監察之機關定期向國會提出完整報告，報告內容包括准許或追認通訊監察之件數，及准許與駁回聲請、准許與駁回延長期限聲請件數等內容。在國會方面，亦應成立特別情報委員會，定期聽取國家安全機關首長說明、報告，監督相關通訊監察機關是否有不當之通訊監察行為，以維護人民基本權利。

 ## 你還可以學更多

⊙郭德進，〈通訊監察制度之研究──從比較法上評析我國現行通訊監察之實務與通訊監察法草案〉，東海大學碩士論文，民國 85 年 6 月，第 29–32 頁。

⊙錢世傑，〈網路通訊監察法制與相關問題研究〉，中原大學財經法律研究所碩士論文，民國 91 年 6 月。

⊙聯邦調查局介紹有關 Carnivore 之內容，參照 (http://www.fbi.gov/hq/lab/carnivore/carnlrgmap.htm)。

⊙ Infidelity, (http://www.infidelity.com).

⊙ eBlaster, (http://www.e-blaster.com/).

⊙〈網路外遇情 e 眼看透〉,《自由時報》,民國 92 年 8 月 12 日,第 13 版。

⊙宋伯東,〈破案關鍵 —— 成功攔截電子郵件〉,《聯合報》,民國 92 年 8 月 7 日,第 A2 版。

0

注意，駭客就在你身邊！！

隱私權侵害指數：

◇ 一個小故事：邱○○入侵銀行帳戶案

　　邱○○是個不務正業的小混混，每天遊手好閒，只想不勞而獲。有一天，他突發奇想，打算侵入網路銀行好好大賺一筆。於是利慾薰心的他，首先持變造的身分證及偽造的印章，分別到十四家金融機構申辦銀行的活儲帳戶及金融卡，並一併辦理電話銀行服務業務，隨後又以其他變造的身分證向中華電信申辦行動電話門號卡，準備在破解他人網路銀行取得他人存款後，利用這些帳戶、金融卡、行動電話號碼，作為洗錢的管道。

　　邱○○是如何侵入銀行帳戶的呢？其實方法很簡單，「臺灣網路認證股份有限公司」(下稱網路認證公司，網址為 http://www.ca.taica.com.tw)，提供金融電子資料交換（Financial Electronic Data Interchange，簡稱 FEDI）的服務，讓客戶只需要下載認證軟體，安裝後即取得憑證，就能使用電子錢包繳稅、繳費和轉帳等金融服務。邱○○得知後，即於 90 年 4 月間，多次至網路咖啡廳上網，至網路認證公司網站，點選「以交易夥伴中文名稱索取憑證」之欄位，取得許多已申請憑證客戶公司名稱、營利事業統一編號、個人姓名、身分證字號等客戶資料，再到某商業銀行網站，利用

前面取得的客戶資料，在帳號（使用者代號）及密碼欄均循序輸入〇〇〇〇至九九九九之相同四位數字逐一測試，居然發現有十多組該銀行帳戶之使用者代號與密碼相同，邱〇〇即輕輕鬆鬆地侵入許多人的網路銀行帳戶，進一步知道該帳戶內的使用者代號、身分證字號、相關開戶資料及存款餘額等資料，抄錄在筆記簿中。

既然邱〇〇利用簡單的密碼測試，就侵入別人的帳戶內，且取得這麼多的當事人資料，接下來當然就可以為所欲為，只要把帳戶裡的錢轉出來就 OK 了。於是邱〇〇持續到多家銀行進行測試，顯示遭侵入帳戶之轉帳明細，再利用財金資訊股份有限公司網頁之「自動提款機跨行轉帳金融機構代號一覽表」欄位查詢，查知該帳戶所開設之銀行別，再進入該銀行所架設之網路銀行網頁，利用已取得的帳號密碼進行測試，若成功登入，且該帳號已申請轉帳服務，即將該帳戶之銀行存款透過網路銀行轉帳之方式，轉到自己申辦的其他帳戶內，進行洗錢的動作，再至提款機提領現金，一切就大功告成了。

駭客為什麼要入侵？

什麼是駭客呢？在未經他人授權許可的情況下，想盡辦法要進入他人電腦系統中，就是屬於駭客行為的一種。前面所舉的例子就是駭客的一種型態，只是邱〇〇的入侵行為比較欠缺技術性，算是「苦力型」的駭客。至於駭客入侵他人網站的理由有很多種，但不外乎下述的幾種情況，分別介紹如下：

◈ 報　仇

也許你搶了某人的女友，也許你替代了某人的工作，甚至於你把員工開除，都會導致他人心生不滿，希望藉由入侵的行為，偷偷地控制公司或個人的電腦，達到討回公道的目的。

◈ 惡作劇、練功

以學生為主的許多駭客，侵入他人系統的主要目的只是因為好玩，想惡作劇一下，甚至於只是想要證明自己的功力，了解一下自己侵入其他人系統之能力，順便提醒被入侵者系統的漏洞，有的駭客還會幫對方修補程式，讓被入侵者得知有人「到此一遊」。

◈ 竊取資料

許多商業間諜或恐怖分子等，侵入他人之系統有其特別之目的，通常都是希望取得機密資料，例如產品的生產流程、國防武器的關鍵技術等，或是像本文所舉的侵入銀行帳戶案，這種入侵會造成被害者非常大的損失，而要完成這些工作，通常都需要極強的入侵功力，這種駭客的行為也最難以發現。

◈ 抗議與宣示

臺海兩岸的駭客時常為了意識型態之爭，相互攻擊對方的網站，大多是以更換網站首頁或癱瘓主機之運作為主要目的，當然也有可能進行網站的破壞，或者是進一步地竊取資訊。

◈ 沒有理由

有些人侵入網站沒有理由，反正就是閒閒沒事做，以入侵別人的系統為樂。

◈ 駭客入侵的步驟

駭客在進行入侵行為前，必須做許多的準備工作，才能讓入侵行為不被他人發現，又能達到入侵的目的。以下簡單介紹一位稱職的駭客，有哪些基本入侵的步驟：

◈ 第一步：隱藏自我

駭客通常會隱藏自我，以確保自身安全，使真實身分不會被發現，而被執法機關逮到或遭到被害人的反擊。通常駭客隱藏自己的方法有很多種，例如隱藏自己的 IP 位址，避免遭到對方反追蹤或循線追查到自己；或利用跳板入侵，使得經由多個跳板的轉介，被追蹤到的對象往往是無辜的代罪羔羊；或隱藏電子郵件位址以利入侵，尤其可利用知名度不高且位於國外的電子郵件位址，讓執法機關難以追查，因為牽涉到跨國性的犯罪，往往需要國際間的合作，而能不能繼續追查，就必須視國家間有無合作偵辦網路犯罪的機制。

◇ 第二步：確定目標

　　入侵前必須要先確定攻擊的目標，而目標是依據其入侵的理由，譬如要竊取商業上的機密資料，則就會以某公司的電腦設備為入侵的目標。要是沒有特定的目標，則可能就會隨意尋找下手的對象。至於尋找的方法可以使用 IP 的掃描工具，在很短的時間內進行大範圍的掃描，當然也可以利用網路名稱，使用 Ping 指令或其他工具找出 IP 位址，或者是由自己上網的 IP 位址確定出一個範圍後，再進行尋找的工作。怎麼樣才能找出自己上網的 IP 位址呢？其實很簡單，只要執行以下的步驟就行了：以 Windows 95 /98/Me 系統為例，可在【執行】對話盒中輸入 winipcfg，出現【IP 組態】對話盒，除顯示 IP 位址外，還可顯示網路卡位址 (MAC address)，其配接卡位址即為 MAC 位址（如圖 10-1）。

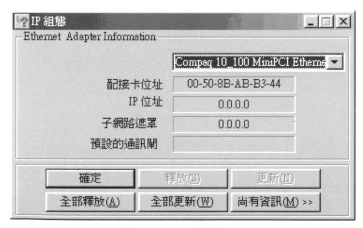

圖 10-1：IP 組態 (1)

然若出現 [PPP Adapter] 之訊息，則為撥號卡， 並非網路卡（如圖 10-2），如果你看到的是「44-45-53-54-00-00」，那不是 MAC 位址，而是撥號配接卡的號碼。網路卡卡號多為 00 開頭（亦有 01 和 05 開頭），44 開頭則為撥號配接卡。

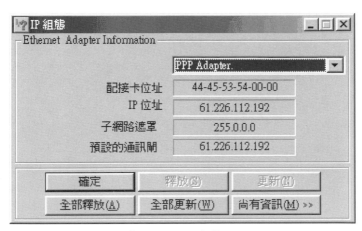

圖 10-2：IP 組態 (2)

在 Windows NT/2000 作業系統下要取得 IP 與 MAC 位址，則須開啟【選取命令提示字元】，輸入 ipconfig /all，其中的 [Physical Address] 即為 MAC 位址；[IP Address] 即為 IP 位址（如下頁圖 10-3），Windows XP 執行方法亦類似。

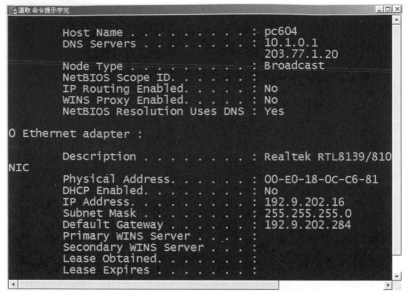

圖 10-3: Windows NT/2000 顯示 IP 位置方式

當然以上所談到的都是很基本的技巧，若有興趣的話，市面上有很多討論駭客攻防的書籍，到書店好好逛一逛，相信一定可以有很大的收穫。

◈ 第三步：蒐集資料

在確定了入侵的目標後，需要收集許多關於目標的訊息，了解目標的弱點。常見的方式如查閱 Whois 的資料庫，瞭解其基本資料；駭客也會以掃描的方式，調查主機開放了哪些服務、有幾臺主機在運作、操作系統的類型、有沒有安裝防火牆、有哪些漏洞，然後針對這些弱點進行攻擊，以達到事半功倍的效果。

◈ 第四步：進行入侵

常見的駭客攻擊方式有很多種，以下僅列出常見的幾種方式概要加以說明：

一、DOS 阻絕服務 (Denial of Service)

侵害結果：阻礙網路正常運作。

說明：這是一種讓用戶端或其他使用者無法從受害電腦上存取資料的網路攻擊形式。其方法通常是經由傳送毀損的或大量的資料 requests 來中斷或超載受害電腦，而使正規的連線變慢或完全癱瘓。DOS 攻擊會阻礙網路服務一段時間，但不會對資料庫造成重大損害。

二、連接埠掃描 (Port Scanning)

侵害結果：獲取存取管道。

說明：所有的 PC 都有 65535 個連接埠，以作為對外連接的端點。通常駭客會掃描欲攻擊的主機開放了哪些連接埠，一旦發現所開放的連接埠中有較易攻擊的服務，就會利用該服務的漏洞進行攻擊。因此連接埠掃描是許多網路攻擊的初步手段。

三、SMB Downgrade

侵害結果：獲取入侵資訊。

說明：SMB (Server Message Block) 係指只用一個密碼來認證的檔案共享協定。它有多種不同的語言，有些用加密的密碼，而一些早期的則只用 cleartext 密碼，容易以暴力攻擊法 (brute force attacks) 破解其密碼。有 backward SMB 相容性的 NT 因要與早期

的 SMB 版本溝通，
也採行 cleartext 密
碼。此漏洞可讓駭
客進一步簡化暴力

┌─────────────────────────────┐
│　　　小　小　加　油　站　　　│
│ 暴力攻擊法 (brute force attacks)： │
│ 就是利用電腦猜測所有可能的密碼組合， │
│ 只是必需耗費極大的時間與精力。 │
└─────────────────────────────┘

攻擊法的破解密碼程式。

四、網路監看 (Sniffer)

侵害結果：獲取資訊。

說明：網路發展之初，並未考量資料傳送的安全問題，資料傳遞都是以明碼方式進行，再加上網路卡設定在雜亂模式 (Promiscuous Mode) 狀態，網路卡將不提供過濾的功能，網路監聽程式便能收取到網路的所有資料封包，因此可以截取到帳號密碼或電子郵件等未經加密的內容。常見的網路監看工具如 Gobbler、Ethload 等。但是實際上一般的 Sniffer 軟體並沒辦法很順利的進行監看，而木馬程式中的 Sniffer 功能目前依然有限，且加上網路逐漸加密，要破解密碼幾乎已經屬於天方夜譚，效益與成本的考量很難平衡。

五、系統漏洞

侵害結果：侵入系統。

說明：系統設計過程中，為便於事後的維護工作，會留下一些私密的通道，此外，若設計錯誤也會有漏洞產生，這些私密的通道或漏洞都是駭客積極發現的目標，並可藉此侵入系統中。然而若能了解系統漏洞的存在，也可以設下陷阱，記錄駭客的一舉一動，這些資料可作為犯罪證據之用。

　　總而言之，駭客入侵好比是小偷跑到我家來，而若是沒有發現，則自己的私生活恐怕都會被攤在陽光之下了，所以平時就要做好防範措施，不要讓駭客有可乘之機，而使用電腦者更應該要學會如何防範自己電腦設備的安全，隨時進行安全檢查，不要讓自己成為犯罪的被害者，或者是犯罪者的工具。

 ## 駭客入侵涉及的刑責

　　立法院於 92 年 6 月 25 日通過刑法修正草案，增訂第三十六章「妨害電腦使用罪」，主要規範四種犯罪行為，未來大部分之駭客入侵行為將有明確的法律加以規範，有興趣入侵他人電腦設備者可要三思而行喔！其相關內容列表如下：

表 10-1：妨害電腦使用罪章一覽表

條號	罪　名	犯　罪　行　為	備　註
358	無故入侵電腦罪	無故輸入他人帳號密碼、破解電腦或利用電腦系統漏洞，入侵他人之電腦者	第 358–360 條之罪係對於公務機關之電腦或其相關設備者，加重其刑至二分之一。第 358–360 條之罪係告訴乃論。第 359–360 條之罪須致生損害於公眾或他人者。
359	保護電磁紀錄規定	取得、刪除或變更他人電腦或其相關設備之電磁紀錄	
360	干擾電腦系統及相關設備罪	無故以電腦程式或其他電磁方式干擾他人電腦或其相關設備	
362	製作專供電腦犯罪之程式罪	製作專供犯本章之罪之電腦程式，而供自己或他人犯本章之罪	致生損害於公眾或他人者。

 # 你要怎麼保護自己？

防止駭客入侵的方式有很多種，沒有一種方式能夠獨立完成防止入侵的工作，也沒有一種技術是完全可靠的，必須要互相配合運用，就好比居家安全不是僅靠樓下的管理員，也不是單靠家裡的防盜器或監視器。因此必須建立一套完整的安全機制，才能確保個人或公司所擁有的電腦設備不被駭客任意侵入，以下提出幾個基本安全設備之介紹作為參考：

防火牆

防火牆係較早被提出的安全機制，顧名思義就是一道防止火勢擴大蔓延的牆，基本上是為了預防別人未經授權透過網路入侵，進而管制網路上封包的進出，一端連接外部的網路（經由真實的IP），另一端則連接內部的網路（虛擬的IP），將內部的網路與外部的網路相互隔離，如同大樓的管理員，成了進入內部網路的必經通道，任何進出的資料都可設定成必須經過防火牆，再經由防火牆決定是否能夠通行，對於安全性增加了一分保障，對於未授權存取的動作也能加以控制。

惟防火牆僅能管制封包流向，並不能提供資料完整性或使用者身分之認證，也無法防範網路內部的侵害，故防火牆實際上並無法滿足大部分的需求，而必須配合其他安全機制，就如同大樓管理不能光靠管理員，否則小偷只要以假扮大樓住戶等各種方式

就可以輕易地入侵大樓。雖然防火牆的功能不足，但仍然可以提供身分辨識、進出通訊服務與系統稽核機制，進行基本之系統存取權限控制。

防火牆的設定方式基本上分成嚴格式及開放式兩種。所謂嚴格式是指關閉所有的 TCP/IP 通訊埠，再視需求逐步開放，此種設定方式較安全，但對網路的使用者而言較不方便；所謂開放式則正好相反，是開放所有的 TCP/IP 通訊埠，再視需求關閉部分通訊埠，由於此種方式最易遭駭客入侵，較不被防火牆管理者採用。

產品種類上，可分成硬體防火牆、硬體路由器及個人（或軟體）防火牆三種。所謂硬體防火牆管理上較為複雜，較適合於執行多臺電腦的行業；硬體路由器雖然不是真正的防火牆，但卻能夠對你的電腦位址和對外連接埠發揮遮罩的功能。至於個人（或軟體）防火牆則較為普遍，如 Windows XP 就含有內建的防火牆——網際網路連線防火牆 (ICF)。以下將相關產品表列如次：

表 10-2: 常見防火牆產品一覽表

軟體發行者	產　品
Microsoft Windows XP	網際網路連線防火牆 (ICF)
Symantec	Norton Personal Firewall 2002
McAfee	McAfee.com Personal Firewall
Zone Labs	ZoneAlarm Pro
Sygate	Sygate Personal Firewall PRO
Zero Knowledge	Freedom Personal Firewall
Internet Security Systems	Black Ice Defender

◈ 入侵偵測系統

入侵偵測系統（Intrusion Detection System，簡稱 IDS）係建立入侵偵測資料庫，利用模式比對來搜尋入侵行為的攻擊特徵 (pattern)，作為判斷是否具有攻擊意圖的依據，並做適當的處理。IDS 依據資料來源可分成網路型 (Network-based) 及主機型 (Host-based) 兩種，前者在網路的必經節點上監聽所有封包，並即時將這些封包加以分析比對；後者係檢查主機內的系統檔案、程序及日誌檔是否有可疑的活動或攻擊模式（如權限的改變），並做適當的處理。IDS 有如網路感應器，一旦發現有異常或不當的行為發生時，即回報警訊給管理機制，並透過呼叫器或電子郵件通知管理人員，以利第一時間反應。

IDS 偵測到攻擊活動或未授權行動的跡象時，可以由系統管理者決定採取下表中的三種行動。

表 10-3: 入侵偵測系統的型態

	Network-based	Host-based
通知	Message、E-mail	Message、E-mail
儲存	系統紀錄摘要、網路通信內容	系統紀錄摘要
主動	中斷連接、執行特定程式	暫停使用者帳號、執行特定程式

IDS 的入侵模型:

一、誤用檢測 (Misuse detection)

所謂誤用之行為，係指事先定義不好或不當的攻擊行為，將已

知的攻擊方法建立入侵模型或特徵資料庫 (Signature Database)，再
與封包進行比對 (Stream Matching) 來決定是否有攻擊行為。

二、異常偵測 (Anomaly detection)

所謂異常之行為，係指事先定義較不尋常或較少出現的存取
方式。先建立一個正常系統的模型，再將操作行為與正常系統的
模型進行比對，來判別是否有攻擊行為。例如：許多攻擊會針對
通訊協定（Telnet、HTTP、SMTP 等）來進行，偵測方式則是與
RFC 通訊協定標準比對，加以辨識。IDS 可以監督使用者的行為
與系統之狀況、分析系統組態設定弱點、評估重要系統與檔案的
完整性、識別不正常或入侵的活動，即針對使用者的登入登出行
為加以追蹤，以達到有效防制入侵的目的。以下將常見的 IDS 產
品及查詢網址表列如下：

表 10–4：入侵偵測系統常見產品一覽表

IDS 產品	查詢網址
ETrust Intrusion Detection	www.cai.com
RealSecure	www.iss.com
Snort	www.snort.com
Network Flight	www.nfr.com
NetProwler	www.symemtec.com

IDS 與防火牆的差別在於，防火牆是負責整個網路的一般性
進出規則，主要功能是阻止錯誤的網路通信進入或輸出，而「錯
誤的網路通信」的定義是根據 IP 位址或是通信協定的類別，其設
計並非用來發現攻擊行為。IDS 則是隱密於系統網路中，監聽是

否有未經授權的活動（透過判斷性高及可自訂的攻擊特徵資料
庫），完全不會中斷網路的通信，所以並不是設計來控制網路進出
的產品。換言之防火牆是一道防線，若系統遭入侵後，內部資源
便無任何隱蔽性可言。因此與 IDS 配合便可增加網路的安全，達
到事前預防、事後偵查之目的。

◈ 其他安全防護策略

除了防火牆、IDS 外，常見的安全防護策略包括電腦防毒設
備、入侵弱點偵測等內容。以電腦防毒設備而言，常見者如 Norton
AntiVirus、PC-cillin 軟體，主要設計概念係針對特定病毒萃取出
一組特殊的識別值，組合而成病毒碼，再與系統中檔案進行分析，
以迅速判斷是否有病毒的存在。但電腦防毒設備僅能偵測涉及病
毒的入侵攻擊行為，對於其他型態的攻擊作為則無法防衛，因此
電腦防毒設備只是安全防護策略的一環。

至於所謂入侵弱點偵測，係指檢查電腦系統存在的安全漏洞
問題，防止不法分子利用漏洞侵入電腦系統而遭到嚴重損害。資
訊管理人員應該隨時偵測系統的缺失，了解設備廠商公佈的系統
缺失，並隨時進行更新。至於檢查方法，可以藉由弱點掃描工具
進行安全漏洞的偵測、評估與監看，並產生掃描報告以供資訊管
理人員參考。基本上入侵弱點偵測分析的項目，如網路漏洞掃描
可判斷電腦是否允許未知或未授權的網路通訊；NetBIOS 可用性
掃描可偵測電腦上的資訊是否可被駭客存取；特洛伊木馬掃描可
了解電腦是否以特洛伊木馬常用的方法進行網路通訊。賽門鐵克

(Symantec) 公司網路上之網路安全診斷室，即提供入侵弱點掃描的功能，免費測試電腦所面臨的線上安全性威脅，並提供初步報告以供參考。其他如 Fluxay、Satan、Tiger、COPS 等都是常用的入侵弱點偵測工具。

還有哪些該注意的事項？

無論是公司或個人，許多不經意的動作，都可能成為駭客入侵的管道，以下提供幾點作為防範駭客入侵之參考：

不要任意放置個人之帳號與密碼

在公司內部，常常會發現員工幾乎欠缺安全的意識，為了貪圖方便，竟然將帳號密碼貼在電腦螢幕或辦公桌的隔板上，比較小心的頂多將紙條放在抽屜內，更小心的或許會抄在筆記本中，但是這些抽屜時常沒關好，筆記本也常常翻開在桌上讓大家欣賞，這樣的疏忽可能會被部分的有心人士利用，增加一個容易入侵的管道。其實現在個人所使用的密碼愈來愈多，非常容易忘記，可以利用市面上免費的帳號密碼管理軟體，以後只要記得一個密碼，就可以將所有的帳號密碼保存在一個檔案內，既安全又方便；另外，如果習慣用手抄寫密碼，也可以用簡單的加密方法，例如密碼如果是 12345，就可以將每個數字加上 3，變成 45678，要使用的時候，只要減 3 就可以還原成正確的密碼，增加有心人士直接破解的難度。

◈ 確實刪除檔案資料

有許多公司常常將敏感性的資料未經處理就加以丟棄，造成只要翻一翻位於樓梯間的垃圾桶，就可以發現許多寶貴的資料，因此敏感性資料的處理應該以更審慎的態度為之，例如以碎紙機將資料確實銷毀。此外，一般人往往誤以為只要將電腦檔案刪除，就可以將資料永久銷毀，其實資料刪除的動作，其意義只是加註標記，新的資料可以存放在原始資料原本存放的地方，但是在還沒有新的資料存入前，舊的資料其實還是存在，只要藉由特殊軟體就可以將資料復原，例如著名的鑑識軟體 EnCase，可以輕易地將刪除的文件、電子郵件等檔案加以還原；因此，可以利用一些市面上現存的軟體，將檔案「真正」刪除。

◈ 設置專職人員檢閱安全稽核紀錄

許多公司內部的網路管理或安全監控軟體，都可以產生安全稽核紀錄，為使這些稽核紀錄發揮其應有之效能，避免成為虛應安全檢查之工具，應有專人負責檢視安全稽核紀錄，以便及時發現入侵行為。另外，或許有些安全監控軟體能提供警示的功能，資訊管理人員應能隨時獲得這些警示訊息，在第一時間內採取安全防護措施。

◈ 建立實體安全機制

一般公司也許在電腦的安全設備上投入大筆資金，但是實體

上的安全措施與管制卻相當缺乏，例如陌生人能夠以送披薩為理由，隨意進入公司的重要部門，達到目的後又能從容離去，這些實體安全制度的不當設計，將嚴重影響資訊設備的安全性。況且有些存放核心系統資料的伺服器，價值難以估計，對於這些重要的作業系統更應該採取特別的防護措施。

◈ 良好的帳號及密碼管理制度

作業系統或其他電腦網路設備都有一個預設帳號及密碼，以供使用者首次操作時進入系統之用，若未加以變更，則幾乎人盡皆知的此一預設帳號及密碼，很容易造成系統的危險。另外，帳號及密碼的設定也很重要，許多入侵者有各種破解帳號及密碼之工具，因此密碼的設定有幾個注意事項，例如不可以和帳號相同，本文所舉的案例，歹徒就是利用許多人帳號與密碼相同的疏失，而輕易地入侵他人的銀行帳戶；此外密碼最好能混合數字、英文及特殊符號，甚至於英文還可以大小寫混合使用，更能增加破解的難度，而密碼的長度也是愈長愈好，即使他人採用暴力破解法，也必須浪費極長的時間才能破解，此時只要配合定時更換密碼，相信就能加強帳號及密碼的管理，降低侵入行為發生之可能性。

◈ 你還可以學更多

⊙ 程秉輝、John Hawke，《駭客任務實戰》，旗標出版股份有限公司，民國 91 年 6 月。

⊙高大宇，《資訊安全》，博碩文化股份有限公司，民國 92 年 6 月初版。

⊙臺灣臺北地方法院 90 年訴字第 693 號判決。

⊙趨勢科技網站，(http://www.trend.com.tw)。

結　語

◎為什麼你一定要有「隱私權」？

　　隱私權並不是一種很具體、很明顯的權利，人們往往容易忘記它的存在，但隱私權真的不存在嗎？答案當然是否定的，隱私權隨時都存在你我身邊，無論是在家中、走在路上、辦公室、汽車內等地方，都可以主張隱私權之存在。隱私權若受到侵害，對於被侵害者會產生什麼影響呢？這種影響與損害不是金錢所能衡量的，即使事實上並沒有財物遭到損害，心理上產生的陰影與所受到的傷害，恐怕也不是金錢所能彌補的；所以與一般財產權的侵害相比較，更有過之而無不及。若一個國家無法肯定隱私權之重要性，並建立一套機制保障之，使被侵害者能有合理補償的管道，並防止不法侵害情形繼續發生的話，仍談不上是一個民主法治的國家。

　　所謂隱私權是一種保有個人獨居不受干擾、避免暴露於公眾的權利，因此是一種免於被刺探的權利；但這種學理上的定義，也許看過一遍後，一輩子也不會記得，即使是常常接觸隱私權相關討論並寫過許多隱私權文章的筆者，到現在還很難把這個定義背起來。因此，本書從生活中找出金控公司、網路監控、公司內部監控等十大議題，探討現在民眾所

面臨到的各種侵害隱私權議題，希望讀者能從輕鬆的閱讀過程中，了解什麼是隱私權，在什麼情況下可以享有隱私權，及目前社會上有多少種侵害個人隱私的問題，碰到這些侵害時要怎麼保障自己的權利。然而本書所提到的小故事都只是冰山的一角，實際上侵害個人隱私的案例如滔滔江水，綿延不絕，還有許多值得探討與發掘的問題，例如隨處都可買到的個人資料、捷運廁所之偷窺狂、中原大學偷拍性愛照片上網案，及國外引人爭議之臉部辨識系統、微軟提供之 Passport 服務⋯⋯等，尤其是近代新科技不斷迅速地發展，衍生出來的隱私權侵害問題更形嚴重，這都不是藉由十個小故事就可以解決的，非常值得我們持續關注。

只有關注就能夠保障我們的隱私權嗎？當然不是只有關注兩個字，還記得以前教科書就告訴過我們「坐而言不如起而行」，寫這本書就像是「坐而言」，當每一位讀者看完這本書後，應該已經建立隱私權觀念，隨後就要「起而行」，大家團結起來，別再讓媒體、狗仔隊、不法分子、金控公司、駭客等侵入我們個人的私領域。以第一個小故事中提到金控公司蒐集、處理與利用我們個人資料為例，看完之後大家一定知道可以行使「選擇退出權」，但看完這個故事後，不只希望讀者深表贊同並點頭稱是，更希望你能參考本書所提之建議，立即打電話給你的信用卡公司行使「選擇退出權」，踏出保障自己隱私權的第一步。

許多國家都有成立保障民眾隱私權的組織，無論是由政

府主動成立，或由民間團體自動自發成立，都能夠發揮一定的監督效能。以美國為例，已經通過許多與隱私權有關之法令，2003 年 12 月 16 日美國總統布希已簽署通過「禁止發送垃圾郵件法」(CAN-SPAM Act)，民間更有許多隱私權團體，如電子隱私資訊中心 (EPIC)、美國人民自由聯盟 (ACLU)、電子前進基金會 (EFF) 等，都不斷致力於隱私權之保障。反觀我國，迄今還沒有任何專門推動隱私權的法人組織，即使是目前這個高聲主張人權至上的政府，也把隱私權放在角落中的角落，有關電腦處理個人資料保護法之修法進度緩如牛步，真讓人懷疑政府保障人民權利之誠意。

令人難過也令人欣慰者，拜狗仔隊之賜，雖然在某種程度上侵害了民眾的隱私權，但也讓本身成為狗仔隊追緝對象的立委諸公開始重視如何保障民眾的隱私權。個人從事網路相關法律研究已經有一段時間，從 1999 年正式設立「台灣網路法律中心」網站 (http://www.chinalaw.org/) 迄今，一直把重心放在網路隱私相關議題上，也許到現在推動隱私權的成果依然有限，但比起上個世紀來講（其實離現在才幾年）可是進步很多了，希望藉由本書的推出，能讓更多願意推動隱私權保障工作的有志之士，共同建立一個尊重隱私權的社會，讓臺灣人民的隱私權不再那麼廉價，不要讓商人、不法分子只看到自己的利益，而繼續漠視、侵害別人應該享有的隱私權。

附 錄

❖ 附件 A　美國憲法第一、第四修正案

Amendment I

Congress shall make no law respecting an establishment of religion, or prohibiting the free exercise thereof; or abridging the freedom of speech, or of the press; or the right of the people peaceably to assemble, and to petition the government for a redress of grievances.

Amendment IV

The right of the people to be secure in their persons, houses, papers, and effects, against unreasonable searches and seizures, shall not be violated, and no warrants shall issue, but upon probable cause, supported by oath or affirmation, and particularly describing the place to be searched, and the persons or things to be seized.

❖ 附件 B　金融控股公司之子公司進行共同行銷相關規範

一、依據金融控股公司法第四十三條及四十八條規定辦理。

二、金融控股公司之子公司進行共同行銷時，營業據點、可從事之業務範圍、人員兼任、資訊交互運用、申請及核准方式之規範如下：

　㈠各業之營業場所內得互設他業之專業櫃檯，本業之營業櫃檯與他業之專業櫃檯應予區分，並明確標示之。

　㈡各業之營業場所內互設他業之專業櫃檯，可從事之業務範圍：

　　1.證券櫃檯：⑴證券或期貨經紀業務之開戶。⑵代理國內基金之推介、銷售及買回。⑶設置網路下單終端機，由投資人下單至證券商或期貨商。⑷股務代理之代收件（股務代理之範圍為公開發行公司股務處理準則第一條之一所規定之各項事務）。

　　2.保險櫃檯：⑴推介經財政部核准銷售之保險商品。⑵辦理經財政部同意得直接銷售保險商品之核保及出單。⑶保險相關業務之代收件。

　　3.銀行櫃檯：⑴存款戶之開戶（證券或保險業子公司從業人員兼辦銀行開戶業務，該等人員須具備由臺灣金融研訓院辦理銀行存款開戶相關課程達十八小時以上訓練之資格條件）。⑵信用卡業務之推介及卡片之代為轉發。⑶自動化服務設備之設置。⑷代理公用事業稅費等款項之收付。⑸銀行本機構業務之代收件。

　㈢本業人員符合各業別主管機關之相關法規及行政命令所規定之資

格條件或證照者，即得兼為他業之業務，惟應由兼任業務之子公司依規定辦理登記，如執行業務涉有違規情事時，得依他業法令之規定予以處分；另於跨業行銷設置之其他業別櫃檯服務之從業人員係代表該本業公司所為之行銷行為，對客戶之損害賠償責任，本業公司應負責，但提供營業場所之機構亦有故意或過失者，亦應負責，以收監理之效。

㈣各業共同使用客戶資料，應依電腦處理個人資料保護法及金融控股公司及其子公司自律規範之相關規定辦理，除基本資料（包括姓名、出生年月日、身分證統一編號、電話及地址等資料）外，其餘帳務資料、信用資料、投資資料或保險資料等於揭露、轉介或交互運用時，應經客戶簽訂契約或書面明示同意後方可使用。

㈤子公司間進行跨業行銷之申請，由金融控股公司提出，並由本部以單一窗口方式受理，金融控股公司並應同時副知各業別之主管機關；該案件之核准採備查制，由原核准設立金融控股公司之主管機關負責辦理，准予備查時並副知他業主管機關。

三、前揭規範自發布日實施。

❖ 附件 C 金融控股公司及其子公司自律規範

第 1 條

為規範金融控股公司與其子公司及各子公司間進行業務或交易行為、共同業務推廣行為、資訊交互運用或共用營業設備或場所之方式，並確保客戶權益，特依據金融控股公司法（以下稱本法）第四十三條第二項之規定訂定本規範。

金融控股公司及其子公司皆應遵守本規範之規定。

第 2 條

本規範用詞定義如下：

一　共同行銷

指同一金融控股公司之各子公司間，為共同業務推廣行為、共同使用客戶資料、共用營業設備、場所及人員或提供跨業之綜合性金融商品或服務。

二　客戶資料

客戶資料係指客戶之下列基本資料、帳務資料、信用資料、投資資料、保險資料等。但各子公司可依其業務特性，增刪上述資料之分類與內容。

㈠基本資料：包括姓名、出生年月日、身分證統一編號、電話及地址等資料。

㈡帳務資料：包括帳戶號碼或類似功能號碼、信用卡帳號、存款帳號、交易帳戶號碼、存借款及其他往來交易資料及財務情況等資料。

㈢信用資料：包括退票記錄、註銷記錄、拒絕往來記錄及業務經營狀

況等資料。

㈣投資資料：包括投資或出售投資之標的、金額及時間等資料。

㈤保險資料：包括投保保險種類、年期、保額、繳費方式、理賠狀況及拒保記錄等相關資料。

三　金融控股公司同業公會　（以下簡稱本公會）

指金融控股公司所組織成立之同業公會，在本公會未成立前，指各子公司所屬之同業公會。

第 3 條

金融控股公司與其子公司及各子公司間業務或交易行為，應共同遵守下列基本要求：

一　應符合各相關法令或主管機關之規定。

二　不得有背信或不當利益輸送之情事。

三　應避免與其客戶有利益衝突，並不得有損害客戶權益之行為。

第 4 條

金融控股公司與其子公司與其從業人員應本忠實誠信原則,恪遵法令。因資訊交互運用或職務之關係知悉客戶未公開之消息，如該未公開消息經公開後足以對客戶所發行之有價證券價格產生重大影響者，知悉消息之上開公司或人員於該消息公開前不得買進或賣出該客戶所發行之有價證券暨以該有價證券為標的之期貨契約及將該未公開消息向職務無關之第三者透露，亦不得暗示或促使或利用第三人買進或賣出前述之有價證券暨以該有價證券為標的之期貨契約。

第 5 條

金融控股公司與其子公司及各子公司間進行共同行銷，於揭露、轉介

或交互運用客戶資料時，應依照下列規定辦理：

一　符合法令或主管機關之規定者。

二　經客戶簽訂契約或書面同意者。

三　本規範第七條至第九條規定之事項。

依前項揭露、轉介或交互運用客戶資料，不得有損害客戶權益之情事。

除法令另有規定、經客戶簽訂契約或書面明示同意者外，揭露、轉介或交互運用之客戶資料不得含有客戶基本資料以外之帳務、信用、投資或保險資料。

第 6 條

金融控股公司及其子公司與其他第三人進行共同行銷、於揭露、轉介或交互運用客戶資料時，應依照下列規定辦理：

一　符合法令或主管機關之規定者。

二　經客戶簽訂契約或書面同意者。

三　本規範第七條至第九條規定之事項。

依前項揭露、轉介或交互運用客戶資料，不得有損害客戶權益之情事。

除法令另有規定、經客戶簽訂契約或書面明示同意者外，揭露、轉介或交互運用之客戶資料不得含有客戶基本資料以外之帳務、信用、投資或保險資料。

第 7 條

金融控股公司與其子公司及各子公司間相互揭露客戶資料，或揭露客戶資料予其他第三人時，應訂定保密協定，並維護客戶資料之機密性或限制其用途。

收受並運用資料之機構不得再向其他第三人揭露該等資料。

資料係屬於可公開取得且無害於客戶之重大利益者，則不受前項之限制。

第 8 條

金融控股公司及其子公司除法令另有規定外，應向客戶揭露保密措施，該措施應包含下列內容：

一　資料蒐集方式：金融控股公司之子公司取得客戶資料之方式。

二　資料儲存及保管方式：金融控股公司之子公司取得客戶資料後，如何保存該等資料。

三　資料安全及保護方法：金融控股公司之子公司有關資訊防火牆之建置方式及效果。

四　資料分類、利用範圍及項目：依照本規範第二條第一項第二款之分類，揭露欲使用之資料性質及項目。

五　資料利用目的：依照資料分類，說明對於不同性質資料使用之意圖。

六　資料揭露對象：依照資料分類，說明對於不同性質資料揭露之對象。

七　客戶資料變更修改方式：客戶有更改資料之需求，提供客戶修改之申請途徑。

八　行使退出選擇權方式：金融控股公司及其子公司依照本規範第六條、第十一條所為之行為，客戶得通知金融控股公司或其子公司停止對其相關之資訊交互運用及共同業務推廣行為。行使方式應於保密措施中揭露。

揭露保密措施及其修訂內容應以書面或電子郵件方式通知客戶，另採

公司網頁、營業處所內明顯位置張貼公告、大眾媒體公告或其他足以
由主管機關認定為已公開揭露之方式辦理。

第 9 條

金融控股公司及其子公司應將所為共同行銷行為應遵守之規範，列入
內部控制與內部稽核項目。

第 10 條

金融控股公司之子公司與客戶簽訂商品或服務契約時，應向客戶明確
揭露本契約涵蓋之重要內容及交易風險，並註明該商品或服務有無受
存款保險或其他之保障。

第 11 條

金融控股公司或其子公司於使用客戶資料從事共同業務推廣行為時，
應於接獲客戶通知停止使用其資料後，立即依其通知辦理。

第 12 條

金融控股公司之子公司除依法令另有規定者外，不得強制客戶與其他
子公司簽訂契約，以購買其商品或服務作為授信或提供服務之必要條
件。

第 13 條

金融控股公司或其子公司進行宣傳或廣告時，不得有誤導、誇大或不
實之情形。

第 14 條

金融控股公司之子公司既有或新設之營業場所及設備，增設其他子公
司之業務或商品販售，其營業場所及設備之設置應符合相關法令及主
管機關之規定。

第 15 條

金融控股公司之子公司間共用營業場所時，應明確區分不同之業務項目，並於營業場所內明顯適當位置設置營業項目之告示牌。

第 16 條

為確保屬於客戶資料之安全及避免因不當運用而損害客戶之權益，金融控股公司之子公司應建立客戶資料庫，妥善儲存、保管及管理客戶相關資料，並建立該客戶資料庫之安全措施，僅被授權員工始可使用客戶資料。

第 17 條

金融控股公司子公司之從業人員從事其他子公司之業務執行或商品銷售時，應具備該業務所需之特定資格條件或證照。

客戶要求從業人員於交易前出具依法所必須具備之資格條件或證照時，該從業人員不得拒絕並應立即出示。

第 18 條

金融控股公司之子公司間共同營業場所或設備，或委託其他子公司之從業人員進行共同業務推廣行為，應就費用之分攤及法律責任之歸屬訂立契約，其契約內容不得損害客戶或契約任一方之重大利益。

第 19 條

本規範由相關同業公會共同訂定，經各同業公會理事會會議通過，並報請主管機關核定後施行。

本規範修正時由本公會理事會會議通過並報請主管機關核定後施行。但在本公會未成立前，由相關同業公會共同修訂並報請主管機關核定後施行。

❖ 附件 D　總統府官邸入侵案

【裁判字號】90，易，1647

【裁判日期】910329

【裁判案由】侵入住宅

【裁判全文】

臺灣臺北地方法院刑事判決　　　　　九十年度易字第一六四七號

公　訴　人　臺灣臺北地方法院檢察署檢察官

被　　　告　蔣國樑

　　　　　　程自立

　　　　　　李智為

　　　　　　黃鵬杰

右四人共同

選任辯護人　陳家駿

右列被告等因侵入住宅案件，經檢察官提起公訴（九十年度偵字第一四三六五號），本院判決如左：

主　文

蔣國樑共同無故侵入他人附連圍繞之土地，累犯，處有期徒刑肆月，如易科罰金，以參佰元折算壹日。

程自立、李智為、黃鵬杰共同無故侵入他人附連圍繞之土地，各處有期徒刑參月，如易科罰金，均以參佰元折算壹日。

事　實

一、蔣國樑為香港商壹傳媒出版股份有限公司（下稱壹傳媒公司，

其出版品為壹週刊雜誌）之司機，曾於民國八十六年間因藏匿人犯案件，經本院以八十五年度訴字第一四三五號刑事判決判處有期徒刑五月確定，於八十八年九月二十七日易科罰金執行完畢。程自立、李智為、黃鵬杰三位均為壹傳媒公司記者，分別職司文字、攝影之工作，於九十年七月一日負責採訪報導總統陳水扁之女陳幸妤與趙建銘訂婚過程之相關新聞，故於同日上午九時二十分許，由蔣國樑駕駛車號BB－三三〇九號自用小客車搭載程自立、李智為、黃鵬杰，一路自臺北市晶華酒店跟隨趙建銘之訂婚車隊，沿途拍攝照片。於同日上午十時許，車行至臺北市南昌路總統玉山寓所大門入口前，明知總統玉山寓所為維護國家元首之居家安全，而依法配置有玉山警衛室之警衛人員負責進出人、車之檢查管制，故須經負責安全檢查之警衛人員檢查及許可後始得進入總統玉山寓所及其附連圍繞之土地，詎渠等竟共同基於犯意之聯絡，於未獲許可之情形下，利用以趙建銘所搭乘車輛為首之六部車輛之訂婚車隊已經事先取得許可進入總統玉山寓所之機會，由蔣國樑將車輛駛入訂婚車隊中，致當日執行大門安全檢查之玉山警衛室警衛官劉訓造認渠等所駕駛之車號 BB－三三〇九號自用小客車車輛為事先已經許可之訂婚車隊，未經盤查即逕予以放行，而無故侵入總統玉山寓所附連圍繞之土地，嗣經劉訓造對第七輛欲駛入總統玉山寓所之車輛進行攔檢時，始知悉程自立、蔣國樑、李智為、黃鵬杰等人侵入之情事，並於前開 BB－三三〇九號車輛尚未駛入官邸正房之住宅即被盤檢查獲，當場扣得渠等已拍攝之底片七捲及未拍攝之底片二十六捲。

　　二、案經總統府副侍衛長兼玉山警衛室主任彭勝竹訴由臺北市政

府警察局中正第二分局報請臺灣臺北地方法院檢察署檢察官偵查起訴。

壹、有關告訴是否合法部分：

刑法第三百零六條所謂侵入住宅，或不法滯留罪，應以對住宅、建築物有監督權者為被害法益，自應由對住宅、建築物有監督權之人依法告訴，最高法院八十四年度台非字第四四二號刑事判決要旨參照。查本件告訴人彭勝竹係總統府侍衛室副侍衛長兼總統玉山寓所之玉山警衛室主任，此經告訴人彭勝竹於本院調查時到庭供明在卷（見本院卷第四十二頁），並有總統府華總人二字第八九一○○三四六七號令文影本附卷可按，依中華民國總統府處務規程第十三條第一項之規定，侍衛室掌理有關總統之侍衛、警衛事項，並負責關於總統玉山寓所之警衛安全維護及執行事項，且玉山警衛室係依據國家安全組織法所設負責總統與其家屬之安全之特種勤務指揮中心，國家安全局組織法第十一條亦定有明文，而訊之告訴人彭勝竹於本院調查時亦到庭陳稱伊係負責所有警衛之工作，其監督範圍包含總統府及總統玉山寓所等處，而案發當天伊亦有在官邸內執行職務，總統玉山寓所連同圍繞之土地均係伊監督總統及其家人安全之範圍，伊係以玉山警衛室主任之身分提起本件告訴等語（見本院卷第四十三頁），是本件告訴人彭勝竹對於總統玉山寓所及其附連圍繞之土地既為有監督權之人，參以首揭判決要旨，自得提起本件告訴，合先敘明。

貳、訊據被告蔣國樑、程自立、李智為及黃鵬杰（下稱被告等）固均坦承未經許可進入總統玉山寓所附連圍繞土地之事實，惟均矢口

否認有侵入住居之故意，被告蔣國樑辯稱：當天依照車子行進方向，如果前面車輛左轉進入官邸的話，伊是要直行離開車隊，因為第一輛車向右靠，伊以為車隊要靠邊停，所以才跟著他的方向前進，且當時因車速很快，如伊直行的話會撞到交通警察，因此才跟著車隊左轉，後來程自立說開到官邸前面再請求協助，伊只看到警衛以手勢指示前進，並沒有一一盤查，故不知要如何靠邊，且當時大門只可供一輛車進入，如伊停在門口，後面車輛會被擋住，伊不希望因此造成不必要困擾，伊就先開進去靠邊停云云。被告程自立、李智為及黃鵬杰均辯稱：因車隊有到台大醫院急診室停留，因此導致伊等之採訪車在從台大醫院至總統官邸路程被夾在中間，伊等原先計劃在車隊左轉進入官邸時，直走脫離車隊，但車隊突然向右偏向媒體區，導致伊等無法以直行方式脫離車隊，且當時有一位交通警察在指揮，伊等擔心直行會撞到他，而蔣國樑說如果車子停下來的話，後面車子會撞上，所以才將車先開到門口，希望經由警衛協助脫離車隊云云。辯護意旨略謂：當天車隊駛入官邸前之南昌路上時，坐在第一輛車的新郎趙建銘因臨時發現在官邸正對面已設置媒體區供記者拍照，趙先生乃臨時起意將車子向右邊靠近和媒體區記者打招呼，但如此使得車行方向從本來直行，突然靠右打招呼後迴轉左行入官邸，而非依原來的正九十度左轉，而媒體區旁邊站立一位交通警察，依當時之車速是否可臨時煞車在交通警察面前停下，頗有疑問，且當時交通警察站立之位置並沒有足夠空間讓被告之車輛可靠邊停下，如被告驟然停下，則後面之車輛很可能會跟著停下而撞上被告之車輛，所以被告當時完全沒有期待可能性離開該車隊，而不得不緊隨車隊左轉至官邸，況且交通警察亦不斷以

手勢引導指揮訂婚車隊,而在甫進入官邸門口外又有一名安全警衛,亦同樣以手勢引導被告進入,被告之車輛就在此情況下,陰錯陽差地挾帶進入官邸,被告並無侵入官邸之犯意。其次,被告當日係在交通警察及安全警衛人員手勢引導及指揮之下進入,與刑法第三百零六條之規定係以未經住宅或建築物所有人之同意,並在違反其意願之下,以不當的方式進入為構成要件不符。再者,被告等不得已進入官邸後,在安全人員尚未發現前,車輛滑行二十餘公尺即刻停下,足見被告並無入侵他人住宅之意圖。又被告等人如確有以告訴人所指訴之方式混入官邸以拍攝文定過程,被告等應與所有參與文定貴賓一樣穿著西裝之正式服飾,然被告等當日穿著皆為T恤、便服,或短褲便鞋,試想此種不登大雅之堂之裝扮如何可以侵入官邸,且被告當天所駕車輛車牌係BB-三三〇九,任何人均知係出租車輛,被告如有意侵入官邸偷拍,自應派遣較體面之車輛,由上足證被告始終均無侵入住宅意圖。況總統夫人吳淑珍在九十年七月十八日受臺灣日報記者採訪時表示,有關壹週刊誤闖官邸一事,安全人員事前便已經知道,為避免在門口發生事端,所以先讓被告等之車輛進入官邸後再處理,可見總統寓所之安全人員事前早已同意被告之進入云云。

參、本院經查:

㈠有關被告等辯稱渠等所駕駛之車輛因無脫離車隊之期待可能性始進入總統玉山寓所乙節:

查證人即當天總統玉山寓所前執行指揮交通之員警白錫光於本院調查時到庭結證稱:「(問:迎娶車輛到達時你站立之位置?)當時迎娶車隊到達時,我要指揮,我的位置在南昌路北向南停止線前。」「(問:

當天有無其他車輛?）沒有，因為當天是假日，所以沒有什麼車子，加上媒體有報導總統嫁女兒，所以當天南昌路上沒有其他車子，只有迎娶的車子。（問：你是否負責進入玉山官邸車輛數目?）不負責，我只負責管制交通，讓北向南車子不要進入，並讓南向北車輛進入官邸。」

「（問：南昌路進入官邸前是否可由圓環右側脫離迎娶車隊?）可以，他可以直接右轉脫離車隊，也可以左轉進入湖口街，也可以在南昌路迴轉。（問：當天如果右轉進入愛國西路車輛多不多?）不多。（問：左轉進入湖口街的車輛多不多?）沒有車子。」「（問：當天愛國西路圓環有無車輛管制?）沒有。」等語（見本院卷第九十頁、第九十一頁、第九十二頁至九十五頁），另證人即當天在場之攝影記者姜永年於本院調查時證稱：「（問：在現場有無其他車輛通過?）沒有印象，當車隊來時，對面車道是淨空，當時有交警在指揮交通，我記得在迎親車隊後並沒有其他車輛，車隊前也沒有其他車輛。」「車隊來之前，雙向車道都可以行駛，當時交警是站在靠官邸紅磚道上，後來車隊來時，交警就站在馬路中間，吹哨子並舉手，剛好當時除迎親車隊外，並沒有其他車輛，所以有無管制車輛南昌路從愛國東路行駛我不知道，因為沒有其他的車輛。」「（問：車隊在行經媒體區有二名記者趨前採訪時，車隊速度大約多少?）之前還沒有靠近媒體區搖下車窗之前，車隊是按照一般行車速度，大約四、五十公里前進，後來趙建銘的車輛有向右稍微偏向媒體區並搖下車窗時，他的車速幾乎是靜止的。（問：二名記者問完後車隊速度?）再慢慢滑行進入官邸，但車速應該沒有一開始靠近媒體區前的速度那麼快。」「（問：車輛進入官邸大門時他們的車速?）有慢慢變慢。」等語（見本院卷第一六五頁、第一六六頁、第一六九頁、第

一七二頁），另經本院當庭播放勘驗告訴人所提出之 TVBS 電視台於九十年七月一日有關本案之新聞報導內容之錄影帶，勘驗結果：「依錄影帶內容所示有記者趨前靠近趙建銘的車輛採訪，趙建銘並有搖下車窗向媒體致意，並緩慢左轉駛向玉山官邸大門，其他迎親車輛尾隨在後，趙建銘車輛行至官邸大門時有減速，證人劉訓造有上前確認第一輛車是否趙建銘搭乘（車子並未完全靜止受檢）後，隨即放行，其他迎親車輛即尾隨趙建銘之車輛進入官邸，其中被告所駕駛之 BB－三三○九號轎車係在迎親車隊之第五輛，亦尾隨其他迎親車輛進入官邸內。趙建銘車輛向媒體致意時，其車速未逾二十公里，其後左轉進入玉山官邸大門時，其車速亦未逾二十公里。」（見本院卷第一二六頁），由上揭證人之證詞觀之，於斯時在車隊前後既均無其他車輛，且車隊係由南向北自臺北市南昌路欲駛入總統玉山寓所，對向車道（即由北向南之車道）則係淨空，被告等人倘果有脫離車隊之意，其自可利用趙建銘之車輛行經媒體區並減速至幾乎靜止，而車隊亦隨之減速之機會，打方向燈自車隊轉出，抑或於警衛劉訓造於總統玉山寓所大門前盤查趙建銘所搭乘之第一輛車致整個車隊減速之際，左轉至總統玉山寓所旁之臺北市湖口街（參本院卷第一一六頁附圖），而均不致造成任何行車之危險。況趙建銘之車輛於斯時既因欲向媒體致意之故，而可減速至幾近靜止使記者得以趨前採訪（見本院卷第一八四頁、第一八六頁照片），且連同被告所駕駛車輛在內之車隊亦隨之配合調整行車動線及速度，此亦有被告等人所呈行車路線圖可參（見本院卷第七十四頁），足見訂婚車隊之車輛應已保持適當之行車距離與注意，而足確保因應車隊可能隨時減速或停止之行車狀況，然被告等捨前開脫離車隊

之方式不為，猶選擇跟隨車隊左轉進入總統玉山寓所內，其所辯因當時車速過快為免後面車輛撞上或撞及交通警察而無脫離車隊之期待可能性云云，顯係事後卸責之詞，殊無足採。

㈡有關被告等辯稱並非刻意混入趙建銘車隊，而係誤入官邸，所以進入官邸大門滑行約二十餘公尺後，在安全人員尚未發現前即主動靠邊停下，且渠等當天均非穿著正式服裝及所駕車輛又係出租車輛等情，足見被告並無侵入意圖乙節：

1.查證人即案發當日於總統玉山寓所執行勤務之玉山警衛室警衛官戴修身於警訊時證稱：「……今（一）日我同事劉訓造用無線電通知我，有一部疑是記者的車子混入官邸，我立即上前盤查，經查車號BB－三三〇九號轎車內，後座有一男子程自立（經當面指認）先稱他們是蘇菲亞攝影公司的人員，我向他要工作證時，程某又改口稱他們是壹週刊的，從『蘇菲亞』公司跟出來的，並稱喜事呀！來這裡照相的。……」等語（見偵查卷第二十二頁反面），嗣於偵查中亦證稱：「……，劉訓造發現多一部車，通知我，也不確定他們是否記者，我發現他們衣著非賓客，且帶有攝影器材，我帶他們至籃球場，我問他們是何人，程自立回答是蘇菲亞攝影公司之人，我問他們有否工作證，他才改口說是自蘇菲亞跟拍過來，另一位不知名之被告說喜事一椿，想進來拍一拍，我回說是私事，我把他們帶至三號（湖口街旁）門，他們至此才表明是壹週刊之人。」等語（見偵查卷第九十七頁反面），復於本院調查時到庭結證稱：「（問：當時劉訓造所呼叫的人是否就是你？）劉訓造當時是以無線電通知，所以所有服是勤務的人都有聽到。（問：聽到後之處理？）逐車盤查。（問：是否現場七部車均一一盤查？）是，因為

當時車速很慢，所以我們快跑可以追的上車子。」「(問：如何發現被告的車子？)當時程自立穿短褲，還有帶攝影機，其他的人穿著與一般賓客不同，我們當時沒有想到他們是記者，我們請他們將車子開到籃球場。」「(問：迎親車隊進入玉山寓所後是不是繼續前進？)是。(問：是不是你拍被告車頂後，被告才將車速放慢？)他們本來就很慢，但是拍一下他們就停止。」「(問：當時你詢問他們身分時，他們如何回答？)他們回答是蘇菲亞攝影公司人員。(問：你如何反應？)我問他們有無工作證明或相關證明身分之文件。(問：他們如何回答？)他們改口是從蘇菲亞攝影公司跟出來的，這是程自立說的。(問：有沒有人跟你說喜事一椿？)是蔣國樑跟我說：『喜事一椿，所以想進來拍』。(問：他們何時告訴你是壹週刊記者？)帶到三號門時。」「(問：你去拍被告車頂時，當時被告車子是否還在迎親車隊中？)是。(問：當時被告車子有無要脫離車隊靠邊停？)沒有。(問：你拍被告車頂時，被告行進路徑是否進入官邸正房？)是。(問：當時你拍車子地點離正房多近？)不會超過十公尺，所以我才要把他帶開。(問：你查獲被告車子時，被告車子車窗有無搖下來？)車窗是關上的，但是從車窗可以看到裡面，但不是很清楚。」等語(見本院卷第一○○頁至第一○七頁)，由證人戴修身之證詞觀之，被告等駕駛前揭自小客車進入總統玉山寓所之大門後並未主動停下，而係大門警衛劉訓造因盤查第七輛欲進入大門之自小客車而查悉有車輛混入訂婚車隊，並以無線電通知寓所內之包括證人戴修身在內之警衛後，經證人戴修身上前拍打仍尾隨車隊行駛於至官邸正房路徑之被告等所駕駛自小客車車頂後，被告等才將車輛停下，且於證人戴修身因見被告程自立穿著短褲而查覺有異予以盤查時，被

告等仍未立即據實告知係壹週刊雜誌之媒體記者身份或表明係誤入官
邸之意，復訛稱渠等係蘇菲亞婚紗攝影公司之人員，嗣證人戴修身向
渠等索取蘇菲亞婚紗攝影公司之工作證未果，並將被告等帶至三號門
後，被告等始坦承係壹週刊雜誌之記者，被告等所辯係誤入官邸云云，
不足採信。

　　2.其次，經本院當庭勘驗告訴人所提出之 TVBS 電視台新聞報導
內容錄影帶之結果：被告之車輛尾隨其他車隊進入官邸後並未靠邊停
止，被告的車輛也沒有搖下車窗向門口警衛劉訓造作任何表示（見本
院卷第一二七頁），且自被告等身上所扣得底片沖洗之照片觀之，被告
等人駕車進入總統玉山寓所後一直持續尾隨車隊拍照，並行駛於車道
中間，而絲毫無向路邊停靠之情事（見本院卷第一四○頁、第一四一
頁編號第九至十二號照片），尤有甚者，被告等當天所駕駛之自小客車
係插入訂婚車隊之第五輛，且自總統玉山寓所大門入口至官邸正房尚
有一段相當之距離，而無法直接自大門望及官邸正房之入口，此有公
訴人所呈自 TVBS 新聞錄影帶所翻拍之照片附卷可按（附卷外證物袋
共三十三張），惟自前開被告等進入總統玉山寓所後所拍攝之照片觀
之，被告等所駕駛之自小客車進入總統玉山寓所大門後，非惟未如渠
等所稱向路邊停靠，復持續尾隨拍照至車隊之第三輛車（車號為 R 二
－八○二九號）左轉進入官邸正房為止（見本院卷第一四二頁、第一
四三頁編號第十四至十六號照片），倘被告等果無侵入住宅之故意，則
渠等自應於警衛劉訓造於大門盤查趙建銘所搭乘之第一輛車致整個車
隊減速之時，立即搖下車窗向警衛劉訓造表明係誤入車隊而欲脫離之
意，焉有默不作聲持續尾隨車隊駛近官邸正房之理，凡此均足徵被告

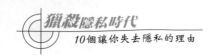

等侵入總統玉山寓所之故意甚明。

3.至於被告等於當天非穿著正式服裝及所駕車輛係出租車輛乙節，由於被告等人於行至總統玉山寓所大門口時並未搖下車窗，業如前述，而車前之擋風玻璃因反光之故（此見卷附照片可明），在行車經過之剎那間，實亦無法使人立即看清楚車內乘客之衣著樣式或車輛所懸掛之車牌，況訂婚車隊係趙建銘之親友所搭乘，警衛劉訓造依長官之指示告知訂婚車隊有六輛車，且於確認車隊為首之車輛確係趙建銘所搭乘後即可放行六輛車予以禮遇，衡諸常情，劉訓造自無於確認第一輛車係趙建銘搭乘後，另依訂婚車隊中車輛之款式是否體面或是否出租車輛而決定是否再予盤查之可能，再者，被告等本即有意利用警衛基於對訂婚車隊之禮遇而未一一盤查之機會進入官邸，自不得於事後執渠等之服裝或車輛諉稱其無侵入住宅之故意。

㈢有關被告辯稱被告當日係在交通警察及安全警衛人員手勢引導及指揮之下進入，與刑法第三百零六條之規定係以未經住宅或建築物所有人之同意，並在違反其意願之下，以不當的方式進入為構成要件不符乙節：

查總統玉山寓所係現任總統居住之處所，必經安全警衛人員許可始得進入，參以當日於總統玉山寓所對面之紅磚道上設置有媒體區，此亦有被告所製作之現場圖及照片附卷可佐（附本院卷第七十四頁、第一八三頁），被告等人自應知悉媒體記者於當天倘未經事先許可應不得進入總統玉山寓所內採訪攝影，否則即無設置媒體區之必要。其次，證人即案發當日於總統玉山寓所執行門禁管制勤務之玉山警衛室警衛官劉訓造於本院調查時亦結證稱：「（問：當天共有幾輛迎親車子進入

玉山寓所?）給我們的指示是有六部車，趙建銘會坐在第一部車，看到他就可以放行六部車。（問：結果迎親車隊共有幾部車?）後來有七部車要進來。（問：你對第幾輛車作盤檢?）第一跟第七部車盤檢。」「（問：第一部車至第七部車進入官邸時是否有比手勢讓他們進入?）我的手勢是持續的，數到第七部車子我就攔下來。」「（問：當天被告的車子是否夾在中間你就讓他進入?）當時時間很短，且車隊有看時間進入，如果一部一部進入不合情理，且事先有指示有六部車是迎娶車隊，所以沒有一部一部擋下來。（問：你是否在攔下第七部車時才發現被告侵入?）是，我們崗哨也有人發現，車隊中有一部車的車窗沒有搖下來，不知是第四部還是第五部。」「（問：勤前教育是否看到趙建銘的車子後就放行六輛車?）是。（問：你當初手勢目的只是要讓趙建銘迎親車隊進入?）是。」等語（見本院卷第九十六頁至第九十九頁），顯見於斯時被告等所駕駛之車輛倘未夾入訂婚車隊之中，必然會遭劉訓造攔檢盤查而不得進入，而被告等當時因係駕車行駛於訂婚車隊之中，交通警察及安全警衛人員之手勢指揮自係針對業已事先獲准進入總統玉山寓所之訂婚車隊為之，而非對未受許可之被告等所為，被告等自不得執此而謂彼等係經許可而進入總統玉山寓所。

㈣有關被告辯稱依臺灣日報之報載總統夫人吳淑珍在記者採訪時曾表示，有關壹週刊誤闖官邸一事，安全人員事前便已經知道部分：

查臺灣日報九十年七月十九日固曾報載：「吳淑珍也首度透露，有關壹週刊狗仔隊『誤闖』官邸一事，其實安全人員事先便已經知道，但為了避免在門口發生衝突，所以才先讓其進入再盤查。吳淑珍認為這涉及媒體公平的問題，明明許多記者在馬路對面曬太陽等著拍攝，

如果有其他媒體可以進去，那其他媒體不就是傻瓜嗎?」等內容，此有上開報紙影本附卷可按（見本院卷第一一九頁），惟依上開報載內容觀之，顯見總統夫人吳淑珍女士亦未同意被告等人進入總統玉山寓所內，至於安全人員是否事先知悉被告等人欲進入之事，此既非吳淑珍女士本人親身經歷之事，自應以當日於總統玉山寓所執行大門門禁管制勤務之證人劉訓造之證詞為憑，而證人劉訓造於當日倘早已知悉並同意被告等人欲駕車進入總統寓所，則連同訂婚車隊之六輛車總共應有七輛車，劉訓造自無另對第七輛車攔檢盤查之理，是尚難僅憑上開報導遽謂被告等人係經許可同意而進入總統玉山寓所，另經本院依職權合法傳喚證人即報導上開新聞內容之記者莊豐嘉均未到庭，惟本件事證已明，自無另行傳拘該證人之必要，附此敘明。

綜前所述，被告等所辯各節均不足採信，且前開事實亦據告訴人彭勝竹於警、偵訊及本院調查時指訴甚詳，本院依前開事證認定被告等確有為前述犯行，本件事證已臻明確，被告等犯行均堪以認定。

肆、論罪科刑：

按刑法第三百零六條之罪，重在保護個人之住屋權即個人居住之場所有不受其他權者侵入留滯其內干擾與破壞之權利，故本罪以未經同意無故進入他人住宅、建築物或附連圍繞之土地或船艦為構成要件。所謂無故侵入，係指行為人無權或無正當理由，或未得住屋權人之同意，而違反住屋權人之意思，以積極作為或消極不作為之方式進入他人之住宅或建築物，至其係公然或秘密、和平抑或強行為之，均非所問。又所謂住宅係指供人住宿之房屋，建築物則係指圍有牆壁，上有屋頂，可供居住或其他用途之土地上定著物，至附連圍繞之土地則係

指附連或圍繞他人住宅或建築物之土地,本件被告等未經許可,無正當理由進入總統玉山寓所之附連圍繞土地內,尚未至官邸正房之住宅即被查獲,核被告等人所為,係犯刑法第三百零六條第一項無故侵入他人附連圍繞之土地罪。被告四人間具有犯意聯絡及行為分擔,應論以共同正犯。末查,被告蔣國樑前曾於民國八十六年間因藏匿人犯案件,經本院以八十五年度訴字第一四三五號刑事判決判處有期徒刑五月,於八十八年九月二十七日易科罰金執行完畢,此有臺灣高等法院檢察署刑案紀錄簡覆表一紙附卷可參,並經本院依職權調閱八十八年度執助字第八一九號執行卷宗查明無訛,其於五年內再犯本件有期徒刑以上之罪,核屬累犯,應依刑法第四十七條之規定加重其刑。爰審酌總統之女陳幸妤與趙建銘之訂婚過程,固為全國民眾關注之事,惟為提供媒體報導之資訊,並兼顧總統玉山寓所之居住安全,已事先設置媒體區供所有媒體拍照攝影,然被告等竟捨此正當之方式不為,而以前揭混入車隊之方式侵入現任總統居住之玉山寓所拍照,並擬將照片揭櫫於報章雜誌,其所為不惟破壞總統及其家人之隱私及居家安寧,亦對國家元首安全維護造成負面影響,更對其他媒體為報導公眾人物之隱私生活所採取之手段造成不良之示範,當天並因被告四人侵入總統寓所之犯行,導致訂婚車隊停滯接受盤查,此亦有卷附照片可按(見本院卷第一九九頁至第二○三頁),對總統之女陳幸妤與趙建銘訂婚程序之進行不無影響,且被告四人於犯罪後猶執前揭情詞否認犯行,毫無悔過之意等一切情狀,分別量處如主文所示之刑,並均諭知易科罰金之折算標準。

據上論斷,應依刑事訴訟法第二百九十九條第一項前段,刑法第

二十八條、第三百零六條第一項、第四十七條、第四十一條第一項前段，罰金罰鍰提高標準條例第一條前段、第二條，判決如主文。

本案經檢察官吳建輝到庭執行職務

中華民國　九十一　年　三　月　二十九　日

臺灣臺北地方法院刑事第六庭

法官　林　欣　蓉

右正本證明與原本無異。

如不服本判決，應於判決送達後十日內，向本院提出上訴狀。

書記官　陳　泰　寧

中華民國　九十一　年　四　月　四　日

附錄本案論罪科刑法條全文

中華民國刑法第三百零六條

無故侵入他人住宅、建築物或附連圍繞之土地或船艦者，處一年以下有期徒刑、拘役或三百元以下罰金。

無故隱匿其內，或受退去之要求而仍留滯者，亦同。

❖ 附件 E　司法院釋字第 509 號解釋

【解釋日期】89/07/07

　　言論自由為人民之基本權利，憲法第十一條有明文保障，國家應給予最大限度之維護，俾其實現自我、溝通意見、追求真理及監督各種政治或社會活動之功能得以發揮。惟為兼顧對個人名譽、隱私及公共利益之保護，法律尚非不得對言論自由依其傳播方式為合理之限制。刑法第三百十條第一項及第二項誹謗罪即係保護個人法益而設，為防止妨礙他人之自由權利所必要，符合憲法第二十三條規定之意旨。至刑法同條第三項前段以對誹謗之事，能證明其為真實者不罰，係針對言論內容與事實相符者之保障，並藉以限定刑罰權之範圍，非謂指摘或傳述誹謗事項之行為人，必須自行證明其言論內容確屬真實，始能免於刑責。惟行為人雖不能證明言論內容為真實，但依其所提證據資料，認為行為人有相當理由確信其為真實者，即不能以誹謗罪之刑責相繩，亦不得以此項規定而免除檢察官或自訴人於訴訟程序中，依法應負行為人故意毀損他人名譽之舉證責任，或法院發現其為真實之義務。就此而言，刑法第三百十條第三項與憲法保障言論自由之旨趣並無牴觸。

❖ 附件 F　刑法第 36 章「妨害電腦使用罪」

第 358 條

無故輸入他人帳號密碼、破解使用電腦之保護措施或利用電腦系統之漏洞，而入侵他人之電腦或其相關設備者，處三年以下有期徒刑、拘役或科或併科十萬元以下罰金。

第 359 條

無故取得、刪除或變更他人電腦或其相關設備之電磁紀錄，致生損害於公眾或他人者，處五年以下有期徒刑、拘役或科或併科二十萬元以下罰金。

第 360 條

無故以電腦程式或其他電磁方式干擾他人電腦或其相關設備，致生損害於公眾或他人者，處三年以下有期徒刑、拘役或科或併科十萬元以下罰金。

第 361 條

對於公務機關之電腦或其相關設備犯前三條之罪者，加重其刑至二分之一。

第 362 條

製作專供犯本章之罪之電腦程式，而供自己或他人犯本章之罪，致生損害於公眾或他人者，處五年以下有期徒刑、拘役或科或併科二十萬元以下罰金。

第 363 條

第三百五十八條至第三百六十條之罪，須告訴乃論。

旅遊法寶　林圳義／著

本書拋棄法學書籍傳統艱深難懂的撰寫方式，以口語問答配合旅遊糾紛案例的解說，分章分節，逐步導引您了解民法債篇旅遊專章、發展觀光條例及其他相關旅遊法令，完全方便讀者參考使用，是您旅遊時維護自身權益的最佳寶典，也是旅行業從業人員最佳的法律指引！

房屋租賃　莊守禮／著

身為房東，你是不是害怕碰上惡房客？而身為租屋者，你又如何保障自己的權益呢？

本書是以淺顯的陳述方式，為沒正式學過法律的房東及房客編寫而成。生活化、口語化的用詞以及豐富的內容，針對房屋租賃的種種法律問題，提供了案例解說及解決之道，讓房東及房客們能具備趨吉避凶的能力，藉此消弭社會上因租賃關係所生的各種糾紛。

死會可以活標？　王惠光／著

合會是在臺灣社會中普遍存在之民間經濟互助組織，對一般人民日常生活之經濟，理財有很大的影響。在民國八十八年十一月二十一日修正民法債篇條文時增列合會章節，終於使參與合會的會首及會員相互間的權利義務有法律之規範基礎。本書平鋪直敘之說明、淺顯易懂的問題，即使完全不懂合會的人，也能夠藉由本書而獲得參與合會之法律常識。

輕鬆學習美國法律　鄧穎懋／編著

本書將英美法課程（尤其側重美國法律），以大綱方式作一介紹,同時簡介法律系學生畢業後,如何赴美繼續攻讀法學碩士與博士。本書內容涵蓋契約法、侵權行為法、民事訴訟法、刑法、刑事訴訟法、憲法及財產法等,均以案例與BRIEF之方式,循次漸進介紹美國法律,幫助讀者法學英文基礎能力之培養,讓初學英美法學者或赴美攻讀法商科碩博士者,懂得如何欣賞美國法律之浩瀚與奧妙。

校長的法律責任
主任與職員的法律責任　沈銀和／著
老師的法律責任

校園中的活動非常龐雜,有時難免會發生一些意料外的狀況,負責管理學校各種事務的校長、老師乃至主任與職員們,要如何才能明哲保身、逢凶化吉,以最適切的態度去因應呢?而若是教職員們的處置行為有欠妥當,又必須面臨哪些刑事、民事或行政上的責任呢?作者以此三書中總計一百八十餘則實際發生的案例為引,來解答讀者的疑惑,使讀者能更了解與教職員有關的各種法律規定。

個人資料保護法論　許文義／著

個人資料保護，著重於個人資料隱私權與人格權之保護，但隨著社會的變遷，個人資料亦因操作工具之進步而變得無法掌握，實有加以規範之必要。本書就電腦處理個人資料保護法中之當事人權利，資料蒐集、處理與利用之原則，個人資料蒐集或處理之合法性，個人資料之傳遞與利用，關於個人資料保護之罰則等加以研析探討，並引介德國相關法規之理論，應有助於提高讀者研習相關問題之成效。

詳解損害賠償法　曾隆興／著

在事故、災害等危險日增之現代，關於救濟被害人之損害賠償，亦發生種種問題。本書有鑑於此，乃廣泛搜集並介紹中外最新立法、學說及判例，就現代各種損害賠償法，予以深入研究、詳加解釋，透過本書，讀者不僅可對損害賠償法之理論有通盤的認識，且能整體的、有系統的知悉實務判解，進而融學理與法律現象於一爐。不但可供一般讀者研習之用，同時亦為實務界人士之最佳參考用書。

罪刑法定主義下的實例刑法　鄭逸哲／著

本書嘗試在刑法實例演習中，運用法學三段論法，將一般教科書較少著墨的事實與規範的「同位格」關係，完整呈現於小前提中，用以說明以罪刑法定主義作為指導原則的法治國，如何就犯罪事實適用於法律和法律理論的格式，並藉以反思法律和法律理論之形成目的。